JN036752

新宿怪談

吉田悠軌

竹書房
怪談
文庫

まえがき

人間に「人格」があるように、土地や街にも「地格」のようなものがあります。様々な性格、別々の行動、色々な人生史が混在していても、我々はその人を一人の人間と見なしている（すごく怒りっぽくて人に厳しいのに、子どもに対しては激甘で涙もろい、とか）。同じように、猥雑《わいざつ》な繁華街、閑静な高級住宅地、激動流転の歴史などが混在していても、それら全てひっくるめて「その街っぽい」と感じてしまうものなのです。

そういった意味において、新宿ほど面白いエリアは他に無い、と私は思います。新宿駅前の雑踏、西新宿の高層ビル群、東洋一の歓楽街・歌舞伎町《かぶきちょう》、多国籍タウン新大久保、広大な戸山《とやま》公園、学生街の雰囲気を保つ早稲田《わせだ》、おしゃれで高級な神楽坂《かぐらざか》、防衛省と大日本印刷が入り組む市ケ谷《いちがや》、お岩さんで有名な寺町の四谷《よつや》などなど。

これらは全て、徒歩で移動できる範囲内に収まっています。嘘ではありません。もう十五年以上も新宿に住んでいる私は、実際に毎日そのあたりを歩いて移動していますから。すぐ近くに隣接していながら、各エリアで街並みの雰囲気がガラリと変わる。それだけでなく、集まる人々の種類も驚くほど異なっています。それはつまり新宿が、どのような種類の人々が入ってこようともどこかしらで受け入れられる懐の深さを持っている、ということです。

カオスと言えるほど多種多様でありながら、それら全てが「新宿」っぽい。というより、様々な差異が共存する有り様こそが「新宿」らしい個性＝地格なのです。東京やパリといった都市単位ならまだしも、「区」レベルの範囲でこれほどの多様性を形成できているのは、世界的にもたいへん珍しいのではないでしょうか。

そうした新宿の地格を描くには、怪談こそがふさわしい。怪談、特に実話怪談というジャンルもまた、人間や社会の未分明なカオス部分から生まれるもの、そうしたカオスをカオスなままに描き出すものだからです。

だって実際、怪談の歴史に影響を与えた怪談的な人たちはたいてい新宿に住んでいるじゃないか……とは言い過ぎでしょうか。三遊亭圓朝や小泉八雲を筆頭に、夏目漱石、柳田國男、泉鏡花、芥川龍之介、内田百閒、岡本綺堂、佐藤春夫、江戸川乱歩、色川武大、小池壮彦……。手塚治虫や赤塚不二夫や楳図かずおの事務所など、その他まだまだ入れたいところですが、キリがないので止めましょう。

その列に自分を連ねるほど、私は傲慢《ごうまん》ではありません。しかし彼らは、新宿独特のカオスで怪談的な空気を求めたのでしょう。その感覚については、私もかなり理解し共感できているつもりなのです。

文京区
甘泉園公園
穴八幡宮
東西線
神楽坂
早稲田
国立感染症研究所
飯田橋
都営大江戸線
牛込神楽坂
防衛省
都営新宿線
市ヶ谷
千代田区
丸の内線
四ツ谷
上智大学
信濃町
港区

豊島区
副都心線
西武新宿線
高田馬場
落合
皆中稲荷神社
山手線
西早稲田
戸山公
中央本線
中野区
大久保
新大久保
東新宿
歌舞伎町
西新宿
花園神社
都庁前
新宿三丁目
新宿
代々木
新宿御苑
渋谷区
千駄ヶ谷

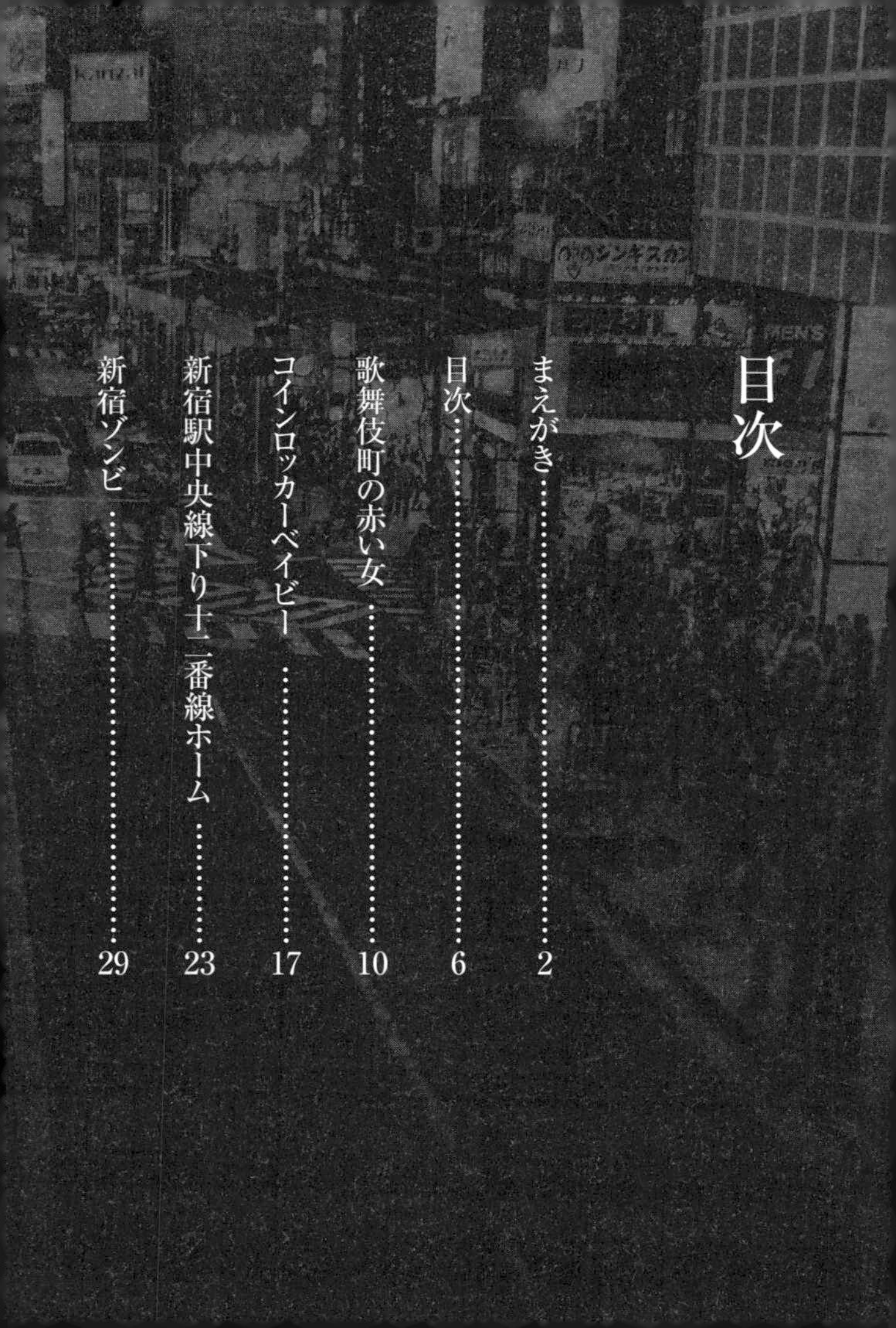

目次

歌舞伎町の赤い女

怪談師でもある國澤一誠さんのレパートリーに「赤い服の女」という話がある。

とあるカップルが、歌舞伎町の古ぼけたラブホテルにて、赤い服を着た女を見かける。怪しく思いつつも、そのホテルの部屋に入った二人だったが……と、詳しくは國澤さんの語りを聞いてもらうとして、ここではポイントだけを抜き出させてもらおう。

「赤い服の女」は、同じホテルにたびたび出没するらしく、複数の目撃証言があるそうだ。その現場がどのホテルかについては、私も國澤さん本人から聞き及んでおり、ほぼ特定できている（ただし間接的な情報なので一、二軒ほどズレている可能性はある）。

あくまで推測の域を出ない……との注釈つきだが、國澤さんはこの怪談が「新宿歌舞伎町ラブホテル連続殺人事件」と関わりがあるのではないか、とも述べている。

「新宿歌舞伎町ラブホテル連続殺人事件」の概要を説明しておこう。一九八一年三月、ホテル「ニューエルスカイ」にて女性の絞殺死体が発見された。犯人とおぼしき男は先にホテルを出ており、行方も身元も掴むことは出来なかった。

これを皮切りに、四月にはホテル「コカパレス」、六月にはホテル「東丘」にて、いずれも女性がパンティストッキングで首を絞められ、殺害されていく。被害女性らと犯人とはゆきずりの関係、いわば通り魔的な犯行だったせいか、犯人の足取りはいっこうに掴めなかった。

さらに二週間後、東丘から二軒隣のホテルにて、ホステス嬢が（これも初対面の）同伴男性によって絞殺されそうになる事件が発生。この時は女性の必死の抵抗により未遂に終わったが、件の連続殺人犯らしき男はそのまま逃亡した。

これ以降、同一人物によると思われる犯行は終息。そして事件は、現在も未解決のままだ。この殺人鬼がまだ存命ならば、女性を絞め殺す衝動を抑えながら、どこかでのうのうと暮らしているかもしれない。

ちなみに現場となった三軒のラブホテルについては、現在ではいずれも営業していない。その跡地も駐車場となっていたり、まったく別の建物が新築されていたりするので、敢《あ》えて実名を出すことにした。

「赤い服の女」とは、当該事件の被害女性の一人なのかもしれない……というのが國澤さんの推測である。確かに、「赤い服の女」の怪談に出てくるラブホテルは、三つのホテルのうちの一軒と非常に近い場所、もしくは同じ立地に建っている。そうした可能性が頭に浮かぶのは、まあ不自然ではないだろう。

それはそれとして、私の元にもまた、興味深い情報が舞い込んできた。「國澤さんの話と似たような体験談を聞いた」と、知人が教えてくれたのである。

歌舞伎町のまた別のラブホテル「M」には、やはり「赤い女」が出ると噂されていたそうなのだ。されていた、と過去形にしたのは、現在そのホテルMは廃業してしまっているからなのだが。

ともあれ、まずそこで、ささやかれていたエピソードについて語ろう。


トシオさんは新宿にて、デリバリーヘルスの手配をする業務を行っている。

「数年前、職場の女の子たちがよく話していたことなんですが……」

トシオさんの職場は幾つかのホテルと提携している。客にそのいずれかのホテルの部屋で待機してもらい、デリヘル嬢を派遣するという流れだ。しかしそのうちの一軒、ホテルMではしばしば奇妙なことが起こるのだという。

嬢が部屋に到着すると、客が驚いたような顔を向けてくる。

「あれ？　もう女の子来てるけど？」

おかしいと思い部屋を覗いてみるが、ベッドの上には男性一人だけ。やはり誰もいないではないか、と問うてみると。

「いや、赤い服の女の子が来てるんだよ。ほら、今、シャワー浴びてるから」

確かにシャワールームからは水の流れる音が聞こえる。恐る恐るその戸を開けてみると。室内はもうもうと白い湯気がたっている。シャワーの温水が出しっぱなしになっているのだ。しかしその蒸気の中には、誰の姿も見当たらない。

そんなことが、幾人かの嬢たちの間で複数回にわたって続いた。そして現場はいつも必ず、ホテルMなのだという。

しかし数年前の冬、ホテルMは廃業した。

建物内部からの失火により、火災が発生。宿泊客である六十代女性が死亡してしまう事態となったのだ。その後、ホテルMは煤けた外壁をさらしながら、今でも廃墟となって歌舞伎町の片隅に佇んでいる。

確かにホテルMは、昔から怪談めいた噂がささやかれているところではあった。「鏡張りの部屋にただよう空気が不気味だった」「ずっと不審な物音がしていた」「いきなり女性の叫び声が聞こえてきた」などの恐怖を伝える証言が、現在でもインターネットの掲示板に残されている。

とはいえこれは、単に建物の造りが古いため、板張りの床がきしんだり、隣室の嬌声が聞こえたり、といったことが原因だったようだ。いわば歌舞伎町界隈のラブホテルに出入りする人々だけの、ほほえましいローカル怪談に過ぎなかったのである。

しかし上記の悲惨な事故によって、にわかにネット上で怪談めいた噂が立てられてしまう。またあの年は、近隣で謎の火事が多発したことも災いした。

ホテルMの火災からわずか二日後、すぐ近くのラブホテル「G」も出火により全焼。これによってホテルGもまた営業停止、そのまま廃業してしまう。

その後も歌舞伎町町内でさらに二件の不審火が続いた上、新宿ゴールデン街でも大規模な放火騒ぎが起こった。これらの相次ぐ火難は、歌舞伎町にとどまらず全国ニュースでも報道されたので、記憶に残っている読者も多いだろう。

そこで次のような噂が、ＳＮＳ等によりささやかれる。

火災に遭った「Ｍ」「Ｇ」両ホテルが、例の歌舞伎町ラブホテル連続殺人の現場だとされたのだ。未解決事件の被害者の怨念が、火事を招いたのではないか……。ホテルMの場合はまた、神棚のロウソクから出火したという状況も、祟りめいた憶測を助長してしまったようだ。

ただこれらは、完全なデマである。

この噂が流れた直後、私は当時の新聞報道で住所を調べ、一九八一年前後の歌舞伎町の住宅地図を参照してみた。その結果、殺人事件のあった三ホテルと、火事に見舞われた「M」「G」はまったく別地点に位置していることが判明。さらに付け足せば、過去の事件の三ホテル「ニューエルスカイ」「コカパレス」「東丘」は二〇〇〇年代までに軒並み廃業しているのだ。

私自身、二〇一六年一月十五日の時点で、間違いを正そうとこれらの情報をツイッターで発信してみた。しかし私ごときの影響力では、デマの広がりを食い止めることはできなかったようだ。都市伝説・流言飛語とはこうして生まれるのだな、と実感したものである。

話を戻そう。

「赤い女」は、火災の凶兆として現れる事例が幾つか見受けられる。『新耳袋　第六夜』収録の「赤い人」や、山口敏太郎さんの実体験談「赤い服の女」も、その類話に数えられるだろう。歌舞伎町ラブホテル連続殺人の現場だとの噂は荒唐無稽だとしても、「赤い女」が目撃されていたホテルMが「火災」により廃業してしまったことについては、かなり奇妙な偶然の一致だと感じられてしまう。

ではホテルMにいたという「赤い女」は、その後どうなってしまったのだろうか。

これは最近の話なのだが。

ある日の仕事中、トシオさんは提携先ホテルの一覧をチェックしていた。するとそのリスト中に、不自然な空欄を一つ発見した。

同僚に確認してみると、当該の空欄には、これまでずっと業務提携した某ラブホテルが記されていたのだという。つまり、現状ではそのホテルにデリヘル嬢を派遣しないようになってしまったということだ。

「どうしてここ、ダメになったの？」

そう質問すると、同僚はさも意外そうな顔を向けてきた。

「トシオさん知らないんですか？　最近このホテル、女の子が怖がっちゃってダメなんですよ」

派遣された嬢に向かって、客が驚きの声を上げるらしいのだ。

「あれ？　もう女の子来てるよ。赤いワンピースの子」

そしてやはり、空っぽのシャワー室では温水が出しっぱなしになっていて、もうもうと湯気をたてているのだという。

コインロッカーベイビー

歌舞伎町の「赤い女」は、その他のラブホテルや町内の路上など、あちこちで見かけられているとの話も聞く。

ホテルMが焼け落ちた後、まるで棲《す》み処《か》を失った獣のように、周辺をうろうろと徘徊しているのかもしれない。國澤さんの「赤い服の女」も、そうした中の一話なのだろうか。

他にも例えば、次のような話を聞いた。

歌舞伎町のバッティングセンターの脇にあるコインロッカー。そのあたりを赤い服を着た不審な女がうろついているとの噂が、二〇一八年頃、風俗嬢たちの間で流れたそうだ。「赤い女」が怪しげな荷物をロッカーに詰め込んでいる様子を、複数の風俗嬢が目撃している……。複数人の複数証言なのだから、「赤い女」は数日にわたって何度も何度も、ロッカー内の荷物を出し入れしていた、ということになる。

とはいえ、本当にそのような不審人物が実在していたのではないのだろう、と私は思っている。もちろんだからといって、風俗嬢たちの目撃譚が根も葉もないデマだと言っている訳でもない。

もう多くの読者はピンときているはずだ。当該のコインロッカーとはつまり、二〇一八年五月、18番ボックスから赤ん坊の遺体が発見された、あの事件現場である。

母親は既に逮捕されているが、当時、彼女は歌舞伎町の漫画喫茶に寝泊まりしつつ、ラブホテルへと通う生活を一年ほど続けていた。そんな中で妊娠した子どもを、漫画喫茶の個室内で出産。供述によれば、「赤ちゃんの声が出たので、ばれてしまうと思い、殺した」「漫画喫茶に（遺体を）数日置いて、においが出ると嫌だから捨てた」のだという。

「赤い女」は火の凶兆とはまた別に、「子殺しの母」のイメージを背負うものだと、私は各所で繰り返し主張している。

幾日にもわたって、何度もコインロッカーを開け閉めし、なにかを出し入れしていたという「赤い女」。それは逮捕された母親本人とはまた別の存在、歌舞伎町の風俗嬢たちが幻視した「子殺しの母」の姿だったのだろう。

そして私の元には他にも、当該のコインロッカー付近の怪談が届けられている。

歌舞伎町のとある雑居ビル内では、「謎の女が出る」との噂があるそうだ。

情報を教えてくれたケイコさんによれば、それぞれまったく別々のビル関係者が、口を揃えて似たような証言をしているのだという。

そのビルは地下二階まであるのだが、後述する事情のせいか、エレベーターでは地下一階までしか降りられず、階段を使うしかない。

そして「謎の女」は、一階から地下一階に降りるエレベーターの中に現れる、と噂されているそうだ。

ただこの噂については、女が出るというだけで、それ以上なにがあるということはない。地下二階は会員制のバーとなっている。ケイコさんによれば「いわゆる大人のバー」とのこと。だからエレベーターで直接地下二階に降りられないのは、むしろ都合がいいようだ。

そのバー内でも、たびたび「謎の女」が出没する。

例えば深夜三時頃。男性客しかいなくなった店内にて、「今日はもうダメですね」などと話しているうち、インターホンが鳴る。スタッフがモニターをチェックすると男女のカップルだったので、店内の客たちに「良かったですね、カップルさんが来ましたよ」とアナウンスする。

しかし入り口にあたる扉を開けたところ、男が一人しか立っていなかった。その客に訊ねても、連れの女性など心当たりがないのだという。

スタッフが怪訝な顔で店内に戻ると、プレイルーム（奥にある隠し部屋）の扉が閉まる音が響いた。すぐにその室内を確認したのだが、誰の姿も見当たらない。

しかし扉が閉まる音は店内の全員が聞いている。さらに振り返った男性客の中には、プレイルームに入っていく女の後ろ姿を見たものが数名いたのだという。

また別の日、男性スタッフが、一人だけで閉店作業の掃除をしていた時のこと。

ふと顔を上げると、複数あるプレイルームの扉が一つだけ閉まっていることに気がついた。全員帰っているはずだが、まだその中で行為に及んでいる客がいるのかもしれない。となると扉を開ける訳にはいかないし、ノックするのも控えたい。

こういったバーには、他人のプレイを覗くための窓が付けられている。その店でも、スタッフだけが開けられる隠し窓のような開口部があるので、そこからこっそり確認してみることにした。

小さな引き戸をスライドさせ、露出したガラス越しに室内を覗いてみたところ。

視界いっぱいに、女の顔が飛び込んできた。

反対側のガラスにぴったり顔をつけた女が、真正面にこちらを覗きこんでいたのだ。

スタッフは悲鳴を上げて店を飛び出したという。

例のコインロッカーは、そのビルのすぐ裏手に位置している。

たびたび現れるという「謎の女」が、はたして赤い服を着ているのかどうか気になるところだ。

次は、リナさんの体験談。

「そのホテルにいる間ずっと、変な物音が聞こえてたんですよ」

パパ活のために建物に足を踏み入れた時点で、もう既に「ヤバい」と感じてしまったそうだ。

「本当は別のホテルにしようよってゴネたかったんですけど。相手がルームキーを受け取ってずんずん進んでいくので、言い出せずじまいで」

通されたのは二階の部屋だった。入ってすぐに、その物音がリナさんの耳に入ってきた。

「どん」と「とん」の中間のような、ノックのような足踏みのような音。それが道路の方、部屋の外側でひっきりなしに響いている。

何度もパパに「変な音するよね？」と確認したのだが。

「はあ？　なにも聞こえないよ」

あまりにハッキリと聞こえ、いつまで経っても止まないこの音が、なぜかパパにはいっさい感知できないようだ。

滞在中ずっと響く怪音に悩まされたリナさんは、もうそのホテルを使わないと決心した。

それからしばらく経ったある日のこと。

大島てるさんが事故物件を紹介する番組を見ていたリナさんは、あるシーンで思わずテレビ画面に目を奪われた。見覚えのある歌舞伎町の風景が映し出されたからである。それもただ単に街並みが見えたというだけでなく。

「少し前、このコインロッカーで、赤ん坊が遺棄された事件がありましたね」

大島てるさんが解説する、そのすぐ先に、つい先日利用したホテルの外壁が見えた。

「あ！　って驚きました。そこで気付いたんですが、私たちが使ったの、そのコインロッカーのすぐ真上の部屋だったんです」

そういうことか、とリナさんは納得した。

あの「どん」と「とん」の中間の小さな音は、真下のコインロッカーの内部から、なにかか弱いものが叩いている音だったのか、と。

そしてそれはおそらく、男たちには聞こえない音だったのだろう、と。

新宿駅中央線下り十二番線ホーム

フクちゃんは八王子に住んでいる。

しかし二〇二一年四月に都心で新しい仕事に就いてからは、ほぼ毎日、新宿駅を利用するようになった。

退社は午後六時過ぎから六時半にかけて。なので新宿駅の中央線下り十二番線ホームに並ぶのは、いつも六時半過ぎから七時前あたりとなる。場所もピンポイントで決まっていて、八王子寄りの十号車近辺だ。

「最初のうちはなにも感じなかったんですが、そのうち気づいてきたんですよ」

電車を待っているあいだ、スマホをいじったりしていると。

……ぐなあ、ぐんならららあ……

帰宅ラッシュで混み合うホームのどこかから、かすかな雑音が聞こえてきた。

駅の環境音にしては違和感のある、ざらついた生物の鳴き声のような音だ。

猫のかな……？

なぜかそう思った。といっても「ニャ～ン」というような、はっきりした鳴き声ではない。どちらかといえば猫と認識しない人の方が多いかもしれない。また周囲には、猫用のケージやバッグを抱えた人は見当たらない。

しかしフクちゃんは、とっさにその音を猫だと認識してしまったのである。

「最初は、東口のビルの立体広告の音声かと思ったんですよ。巨大な三毛猫が飛び出すやつが話題になってましたよね」

その場で広告動画を視聴してみたのだが、鳴き声が異なっていた。また広告には効果音やBGMが入っているのだから、それも一緒に流れてこないとおかしいではないか。

いやでも、猫の声だと思うんだよなあ……。

ふと気づくと、もう例の音は聞こえなくなっている。

それにしても電車が遅い。スマホでじっくり調べるだけの時間を費やしていたのに、まだやってこない。

そうこうするうち、「お客様が線路に立ち入ったため……」と、遅延を説明するアナウンスが流れた。

まあいいか、とその時は特に気にしなかったのだが。

それからというもの、「猫の鳴き声」がよく聞こえてくるようになった。

ペースは一週間に一度ほど。ただし聞こえる時は場所も時間帯もほぼ同じ。帰宅中の午後六時半の下り十二番線ホームの十号車付近に並んでいると。

……ぐるなあ、ぐるなあああ……

あの猫の鳴き声のような、そうでないような音が鳴り響く。

何度も同じ現象に出くわしているのに、どこから聞こえてくるのかどうしても不明で、それがけっこう気持ち悪い。

……まあ、並ぶところを変えてみるか。

五号車のあたりに位置取りを変えてみた。これで音は聞こえなくなるのか、または現実に鳴っている音だとしたら響き方が変わってくるはずだが。

しかし数日後、また例の声が聞こえてきた。

ぐるるるああ！　ぐるるるるらあああ！

しかもその日に限って、ひどく大きな、攻撃性を含んだようなニュアンスになっている。

猫だとしたら、さかりがついた時のような、ケンカをしている時のような、相手を威嚇《いかく》するような叫び声だ。

さすがにフクちゃんも怖くなり、慌てて周囲を見渡したところで、電車がホームに滑り込んできた。

同時に、大きなブザー音が鳴り響いた。それはホーム全体の人々にも聞こえたようで、皆が一斉に顔を見上げた。

続いて、甲高《かんだか》いブレーキ音。

あっ、と驚いて電車の前方へと目を向ける。

ホーム上で、若い女の子が、声を上げて泣き崩れていく様子が目に映った。

「人が、飛び込んだんです」

駅員のアナウンスがホームに流れた。その声もひどく震えていた。

ああそうか……とフクちゃんは得心した。

よくあることなので気にしなかったが。例の鳴き声が聞こえてきた時はいつも、電車が遅延していたではないか。

今回のように現場が新宿駅でなくとも、どこかで信号故障や急病人が出たりして、大なり小なり到着時刻が遅れていたではないか。

「またこれは考えすぎかもしれませんが、自分の身の回りでも不幸が多くなり始めたんですよね。たいていは仕事のミスとか、小さいことではあるんですけど」

夏に入る頃には、父親が体を悪くして入院する事態ともなった。本人もまったく気づかないうちに、急激に体調が悪化したのだという。

「その急病の発症がいつなのか聞いたら、僕が人身事故に出くわした日。そこがちょうど境目だったんですよね」

それらの不幸は猫の声によって引き起こされているのか。あるいは、猫の声が事前に凶兆を予告してくれているのか。

後者であってほしい、とフクちゃんは言う。

「これも後になって気づいたんですが、あれって僕が小さい頃に飼ってた猫の声に似てる気がするんです」

小さい頃から、ガラガラとしたダミ声で鳴く猫だった。今にして思えば、だから自分もとっさに、あの音を猫の声だと認識したのだろう。

田舎なので外に出して飼っていたが、ある日ふと行方不明になり、それきり帰ってこなかった。猫は死に目を見せないから、死期を悟って山に入っていったのだろう、と親は説明していた。

たとえそうでなかったとしても、二十年以上経った今では、もちろん生存しているはずはない。そのはずはないのだが。

「あいつの声なのかなあ、と僕は思うようになりました」

その猫はタクと名付けられていた。タクとは「宅」、いつでも家に帰ってこれるようにと付けた名前だったのだ。

「だから長い時間をかけて、僕のところに戻ってきたのかなあ、と前向きに解釈してます」

いずれにせよ、新宿駅にはもう嫌気がさしているので、別の路線で働きたいものだ、とフクちゃんは思っている。

新宿ゾンビ

クマダさんは本シリーズにたびたび体験者として登場する人物で、同時に生粋の怪談マニアでもある。

そんな彼は最近よく、Ｔｗｉｔｔｅｒのスペースにて怪談会を催している。そのことは私も、自分のタイムラインに表示されるので把握していた。

そんなクマダさんのスペース怪談会にて。

参加者の一人、女性のＡさんが、こんな情報を伝えてきたらしい。

「歌舞伎町のトー横ってわかりますよね。トー横キッズで有名な。あの子たち、今は他のエリアに広がっちゃってるみたいですけど、まだ本当にトー横だけにいた時だったかな」

二〇二一年十月下旬の昼間だったという。

Ａさんは友人とともにトー横、つまり新宿東宝ビル東側の路地をぶらぶらと冷やかしていた。彼女たちはまだトー横キッズたちと年齢も近く、見学がてら話しかけるなどの交流を楽しんでいたようだ。

「わ、あれ、ちょっと見て」

ふいに友人が東宝ビル脇の植え込みを指差した。その植栽の上には三十代ほどの男が、膝を抱えて座っている。

「うえ〜、あの人死んでるんじゃないの？」

確かに、男の顔にはまったく生気が感じられない。頭部だけがモノクロ写真のように見えるほど、人間に備わっている色味も精彩も失っていた。

「え、え、ヤバくない。マジで死んでるパターン？」

二人の顔から笑みが消えたところで、男はすっくと顔を上げた。

「わ、生きてた！」

「あれで生きてるって、もうゾンビでしょ」

「ゾンビと一緒に写ろう！」

二人はわざと男の前に歩を進めた。自分たちごしの後ろに男が入るよう、つまり自撮りをするかたちでスマホの撮影ボタンを押した。もちろん画角も焦点も、背後の男のモノクロの顔に合わせて。

「どれどれ」

だが画像を確認して驚いた。男が、まるで写っていないのだ。半分切れた彼女らの顔のあいだには、ただ植え込みの緑と土があるのみ。

「え！」

振り向くと、現実の側の男もまた、きれいさっぱり消え去っていたのだという。

「そんなことがあったんですよ〜」

Aさんのあっけらかんとした笑い声がスペース内に響く。彼女としては、まったく怖くないファニーな体験談として披露したつもりだったようだ。

しかしクマダさんは黙り込んでしまった。彼女の提出した幾つかのキーワードに引っかかりを感じたのだ。

そういえばちょっと前に、似たようなことを誰かから……。

「あっ！」

二ヶ月前、新宿在住のOLというBさんから聞いた、あの話じゃないか。


そちらは、二〇二一年十二月の夜のことだったそうだ。

Bさんは J R新大久保駅から J R大久保駅に向かって、大久保通りを歩いていた。

と、「それ」が視界に入ったところで、Bさんの体はビクッとこわばった。

道の向こうから、両手を前に突き出し、ふらふらと男が歩いてくる。その動作も異様だが、それ以上に目を引いたのが、男の顔面。

色味がまったくない、ひたすらグレーなだけの顔をしていたのだ。

「モノクロ写真みたいな顔だったって、その女の人も同じ表現をしていました」

大久保通りは道幅が狭い。このままでは簡単に触れられる近さですれ違うことになってしまう。

Bさんは急いでガードレールを乗り越え、車道の方へと逃げた。ちょうど道路工事を行っている現場があったので、助けを求める意味も込めて、作業員のおじさんに声をかける。

「あそこ、変な人いるから気をつけた方がいいですよ」

おじさんは、Bさんの視線の先を見やったかと思うと、すぐに笑顔をこちらに向けて。

「いや〜変な人ね〜ここらへんは沢山いるよ〜」

呑気にも程があるだろうという反応を示してきた。

「え、でも、あの人ちょっとさすがに」

などと言いつつBさんが反対側へ回り込んでいくうち、男は工事現場のすぐ向こうにさしかかった。無表情に、両手のひらを前へ掲げて揺らしながら、ずり足でゆっくり進んでいく。その顔も、黒いジャケットから出た両手の皮膚も、ひたすら彩度が皆無のグレー一色。

そんなモノクロ人間が横を過ぎていくのに、作業員たちはまったく意に介さない。というより、明らかに気づいていないのだ。

……いや、これっておかしすぎるでしょ。

恐怖と好奇心がないまぜになったBさんは、そのまま向かい側の歩道に渡って、車道ごしに観察することにした。

ゆっくり、ゆっくり、男が歩いていく。

その脇を、ベージュのダウンを着た男性が追い抜いていく。レジ袋と財布の中身を確認するため顔を俯かせているからか、やはりいっさい男を気にする様子はない。

さらに進行方向の先から、一組の男女カップルが歩いてくる。その二人も話に夢中になっているためか、男など視界に入らないといった風情で進んでくる。

しかし、いくら顔を俯かせていようと、横向きに会話していようと、三人とも、あんな異様な人物がすぐ近くにいるのにわからないものなのだろうか？

……あいつって、誰にも見えてないの？　あいつって、ちゃんと存在するの？

Bさんはスマホのカメラモードを起動し、目の高さに構えた。男とカップルがすれ違ったところで、なんとかその姿を捉えようとシャッターボタンを押す。

それが、次のページの画像だ。

Ｂさんが大久保通りの反対側から撮影した写真。この後、
女性が刃物を持って男性に襲いかかったのだという。

ベージュのダウンの男性は、なにも気にせず歩を進めているところ。

一方、すれ違ったカップルは、その場で立ち止まり、お互い向き合うかたちとなっている。

しかしカメラの中心に捉えたはずの男は、なぜか画像には写っていないのである。

スマホ画面から歩道を向き直ると、男の姿はすっかり消えていた。

この一瞬でどこかに走っていったのか？

慌てて男を探そうとしたBさんだったが、

「おい！」

という低い悲鳴に、視線を引き戻された。

カップルの女性が、バッグからなにやら細長いものを取り出しているところだった。それを男性に向かって突きつけたところで、細長いものの正体がわかった。

果物ナイフだった。

女性は無言のまま、ナイフをふりかざして男性に襲いかかった。

男性は叫び声を上げつつとっさに身をかわした。そのまま相手の肩を掴んで制止し、なんとかナイフを取り上げた。すると女性はとたんに大人しくなり、きょとんとした顔を男に向けた。

カップルの二人とも、なにが起こったのか混乱している様子だった。

悶着が収まったところで、我に返ったBさんが大久保通りの遠くまで目をこらしたが、あの男はすっかり消え去っていたのだという。

「その現場なんて、トー横から歩いて十分くらいの近さですからね」

どこか興奮した口調で、クマダさんが私に熱弁する。

「ということは新宿のあのあたりって、最近、よく出没してるんじゃないんですか？　なぜか写真に写らない、顔がモノクロの……」

ゾンビみたいなやつが、うろついてるんじゃないですかね。

新宿ゾンビ　追記

本書の原稿を編集部に提出した後、また新しい「新宿ゾンビ」情報が舞い込んできたので、急いで追記しておく。

とあるデリヘル嬢の女性の目撃譚である。彼女は二〇二二年の最初の数ヶ月間、故あってしばらくホテルを泊まり歩いていた時期があった。

歌舞伎町の某ホテルに泊まっていた際、なにげなく部屋の窓から外を眺めてみた。

夜の花道通りを、沢山の人間が行き交っているのだが。

「うわ、なんだ、あいつ！」

思わず一人で声を上げてしまった。

雑踏の中に、一人だけモノクロの人間がいたからだ。上からの角度では頭部しかはっきり見えないが、明らかにグレー一色の顔の男が、よたりよたりとふらつき歩いているのだ。

しかし周囲の誰も、その奇妙すぎる男を気にする様子がない。

しばらく眺めているうち、男はゆっくりと視界の端へと消えていった。

それから数週間後、今度は区役所通りのホテルに泊まっていたタイミングである。

夜に窓から外を眺めたところ、またモノクロの人間が歩いているのを目撃してしまった。顔つきや体つきが違うので前回とは異なる個体だと察せられる。ただこれも、やはり色味の無い顔で、ゾンビのような歩き方をしているのだ。

スマホで撮影しようとも思ったが、距離が離れているし、夜の窓ガラスの反射に邪魔されてしまうので、写真は撮れなかった。

――という話が、当の女性本人からではなく、デリヘルの手配をしているスタッフ経由で、私の元に伝わってきた。

スタッフによれば、その二回とも女性が職場で「白黒の人間がいた！」と騒いでいたからよく覚えているのだという。

その後すぐに女性は行方をくらまし、いっさい連絡がつかなくなってしまったそうだ。なにやら怪しげな想像を掻き立てられるが、突然の失踪は業界としてけっして珍しい事態ではない。だから彼女が「新宿ゾンビ」を見たことと関係あるかどうかは不明だ。

いずれにせよ、その女性は次のような主張をしていたそうである。

「あいつら、もしかしたら飛び降りて頭が潰れた奴らなんじゃないかな。だからそこだけうまく再生できなくて、白黒になっちゃってるんじゃないの？」

いちばん端のロッカー

こちらもクマダさんの知人女性の話。仮にカオリと呼んでおこう。

一九九〇年代半ばのことだという。

当時、カオリは有名私立Gの女子高生だったが、バンドの追っかけをするため潤沢な資金を必要としていた。

アルバイトをすればいいじゃないか、と今の感覚では思うだろう。実際、カオリもそのようにした。

ただし選んだバイト先は、当時の歌舞伎町だった。小説『不夜城』で知られているような、大陸マフィアがゆきかう、最も危険度の高かった時代の歌舞伎町をわざわざバイト先に選んだのである。女子高生のバイトといってもコンビニやファミレスで収まるはずがない。

彼女が勤めたのは、区役所通りの地下にあるキャバクラだった。

いくら当時とはいえ女子高生を雇うような店だけあって、キャバ嬢たちも他よりずっと訳ありが揃っていた。やれ売り掛けがどうの、誰それが飛んだだの刺されただの、暗い噂の絶えない店ではあった。

そんな粒ぞろいの女性たちでも、キャスト全員が大人しく厳しく守っていた、とあるルールが存在した。

更衣室のいちばん端のロッカーは誰も使用してはいけない、というルールだ。

「え、そうなんですか？　どうして？」

カオリの質問に、先輩キャバ嬢が滔々《とうとう》と説明していく。

以前、ホスト絡みの資金をつくるため、この店に勤めていた女の子がいた。しかしその指名ホストにこっぴどく裏切られた彼女は、どんどん心を病んでいった。そしてついには、手首を深く切って死んでしまったのである。ただのリストカットのつもりだったのか、故意の自殺だったのかはわからない。

「とにかくそれ以来、その子が使っていたいちばん端のロッカーを使おうとすると、覗きこまれるようになったのよ」

「覗きこまれる？　……って誰に？」

カオリがそう訊ねると。

「決まってるでしょ、その女の子がよ。ロッカーを覗いた人の後ろから、ぐいっ……とね」

まあよくある話だな、とカオリは思った。

端っこのロッカーが使用禁止というのも、本当は別の理由だったのに、後から色んな噂が好き勝手に足されていったのだろう。そう、ちょっと前に流行《はや》った人面犬みたいに……。

とはいえ新入りの自分が敢えて決まりを破る気だってさらさらない。

カオリはそのルールに従い、どんなに更衣室が混み合っていても、いちばん端のロッカーを使うことだけは避けていたのだった。


その時も、カオリは入り口側のロッカーを使用していた。

奥の方ではもう一人のキャストが髪の毛をセットし終わり、店内に向かおうとしているところだったのだが。

「きゃあああ！」

突如、かん高い絶叫が轟《とどろ》き、同僚がこちらへ駆け寄ってきた。

「え、なに、どうしたの？」

相手は声が出ないのか、鯉《こい》のように口をぱくぱく動かしながら、ひたすら部屋の奥を指差すばかり。

その震える人差し指の先は、いちばん端のロッカーに向かっていた。

「あ、なんか開いてる……」

カオリも異変に気づいた。

常に固く閉ざされていたその扉が、ほんの少しだけ外に開いている。中を覗かれるほどではなく、扉の側面がこちらに見えている程度の、微妙な開き具合。

そこまで怯えなくてもいいじゃない、と同僚の方に向き直ると。

「した、した」

相手は涙目になって、かすれた声を絞り出してきた。

「下？」

眉《まゆ》をひそめてロッカー下部を注視する。すると確かに、扉が開くことによって出来た下の隙間から、黒いものが飛び出している。

髪の毛の束、だった。

カツラのような大量の髪の毛の、その先端から十センチほどが、ずるりと床に向けて垂れ下がっている。

ギョッと驚いたカオリだが、とはいえここはキャバクラの更衣室だ。

「……誰かのヘアーピースじゃないの？」

そう指摘しつつ、そっとロッカーに近寄った瞬間。

ずるずるずるずる、と髪の毛が後退した。

まるで小動物が逃げるように、それはみるまにロッカーの中へ引き込まれた。続いて扉が素早く閉まり、「バンッ！」という怒りのこもった激しい音が響いた。

あまりのことに声も出せず立ちつくす二人の前で。

ぎいいい……

力強く閉まった反動だろう、扉は再び、きしんだ音をたてながら開いていった。

いちばん端に設置されたロッカーなので、全開となった扉の角は、そのうち壁に当たって動きを止める。

二人の立っている角度からは、自然とロッカーの中身が見えた。そこはからっぽで、物品などなに一つ入ってはいなかった。

ぎい、と音が鳴った。

扉がまた、こちら側へ閉じてくる。

さすがに、これはおかしい。向こう側から別の力がくわえられなければ動かないはずだろう。つまり、扉と壁のほんのわずかな隙間に、誰かがいるということになる。

ぎいいいいい……

扉の向こうからこちら側へ、ロングヘアーの先がちらついた。

悲鳴を上げながら、二人は更衣室を飛び出した。

老婆殺しの公園　1

新宿といえば、とかく喧騒の街としてイメージされがちだ。

しかし新宿東部の「牛込《うしごめ》」まで行けば、新宿駅前一帯とはずいぶん雰囲気が変わる。

江戸時代から連綿と続く居住区として古くからの住人が多いこと、また交通の便の悪さが良い方に作用して、閑静な空気に満ちている。

地方出身の成金が選ぶようなわかりやすいエリアとはまた違う。上京組ではその存在すら知らないような高級住宅街……などという言い方は意地が悪すぎるだろうか。

私の長らくの知人、スガさんも牛込エリアの出身だ。神楽坂エリアにて、それなりの土地を構える一軒家で生まれ育っている。彼のご父君は国の要職についていたので、まあご多分に漏れずといったところだろう。

そんなスガさんに、私が新宿の怪談を集めている旨を打診したところ。

「話にもなってないような、単純な噂なんだけど……」

牛込の地域にまつわる、幼少期の記憶を掘り起こしてくれた。

──僕が噂を聞いたのは小学四年生だから……一九八四年から八五年にかけて、だな。

牛込郵便局と牛込警察署のあたりに、ちっちゃい公園があるんだ。当時から四十年近く経ったけど、今でもまだ残ってる公園だよ。

そこ、確かに昼間でもどよーんとしてて、なんか不気味なのよ。あの暗い雰囲気のせいで、変な怪談が生まれたのかもしれないけど。

その公園には、「お婆さんの幽霊」が出る。

僕たち子どもの間では、そんな噂が流れてた。

昔、その場所には一軒のお屋敷が建っていたらしい。

でもある時、その家でひどい殺人事件が起こった。

その後、空き家になった物件の買い手がつかなくて、仕方なく公園にした。

だからそこには今でも、お婆さんの幽霊が出る……ってことらしいんだよね。

誰がそのお婆さんを殺したのか？　ってことは、噂の中でもちゃんと語られてない。犯人は家族の誰かなのか、部外者なのか。

うちの母親は、「一家惨殺が起きた家で、被害者の中にお婆さんがいた。だからその婆さんの幽霊が出るんだ」って思ってたらしい。

となると、強盗とか異常殺人鬼による犯行ってことになるよね。でも、なんで皆殺しにされた家族の中で、お婆さんだけが化けて出るんだよ。殺された他の家族はどこいったんだよ、って感じだけど。

それでも、僕ら子どもたちはけっこう怖がってたなあ。

僕はすぐ近くの小学校に通ってたけど、当時のクラスメイトは皆、その公園を避けて帰ってたのを覚えてる。子ども心に、本当にビビッてたんだね。

なんか、いつからか「紫ばばあ」って名前が付けられた気もするけど、それはたぶん当時の流行に乗った、勝手な後付けじゃないかな。

とにかく、「あの公園は元々お屋敷だった」とか「その家で殺されたお婆さんが幽霊となって出没する」っていう話自体に変なリアリティとインパクトがあったんだ。

ほら、あの辺って金持ちの家が多いからさ。近くには一人暮らししている攻撃的な婆さんも実在してたし。そういうことも作用してたんだろうね。

ま、それだけの話なんだけどね。くだらない、根も葉もない、ただの子どもの噂ばなしだから、お役に立てなくて申し訳ない！

スガさんは、そう笑いながら、語り終えた。

確かに、それだけの話だ。

ネタとしては小ぶりだし、肝心の点は漠然としているし、ハッキリとした怪現象が起きている訳でもない。

まあ、子どもの噂にしてはやや奇妙で珍しい内容だが、それだけで怪談本の一話に採用する著者は、おそらくいないはずだ。普通であれば掲載には至らないネタとして、取材者の記憶の隅に留められるだけだっただろう。

しかし私は、この四十年近く前の噂を聞き、はっと思い至ることがあった。

そして直観的に断定した。

――違う、その公園ではない。その公園は濡れ衣を着せられているだけだ。

その日のうちに図書館で新聞アーカイブを調べたところ、私の直観は実証された。

スガさんが示した公園は、一九七七年、緑地を求める住民運動によって、印刷局の国有地を買収して造営された公園だった。

つまり殺人事件によって家が立ち退き、替わりに出来た公園ではまったくない。

しかしまた同時に、四十年前の牛込エリアで小学生たちがささやいていた噂。その内容がまったく無根拠なデマという訳ではなかった……とも弁護できるのだ。

その噂には、きちんとした「真犯人」がいる。

その「真犯人」とは、スガさんたちが怖れた公園ではなく、また別のとある公園なのだ。

老婆殺しの公園　2

新宿区南榎町《みなみえのきちょう》は、牛込エリアの中でも、特に小高い丘の上にたたずむ閑静な住宅街だ。もしあなたがそこを散策していたら、町の一画にある小さな児童公園が目に入るだろう。しかしその静かな公園が、かつて悲惨な殺人事件が起きた現場だったなどと、まったく思いもよらないはずだ。

そこは四十年前、日本における英文学研究の基礎を築き、その功績では夏目漱石をもしのぐ大学者・斎藤勇の住宅があった場所。そして斎藤氏が惨殺された場所でもある。

一九八二年七月四日午後一時二十分、書斎にいた斎藤勇（当時九十五歳）に、孫であるT（当時二十七歳）が襲いかかった。

Tは金属の置き時計によって勇の頭と顔を四十回も叩きつけた後、眉間《みけん》に柳葉包丁を九センチの深さまで突き刺した。屋内には「うおーっ」という断末魔《だんまつま》が響いたという。通報を受けた警察がかけこんだ時、勇は血の海の中で絶命していた。

Tは、一階の家政婦部屋の押入に隠れていたところを発見される。しかしその際、身柄を押さえようとしたN警部補に飛びかかり、顔面をチーズ用ナイフで切りつけた。この負傷により、N警部補は病院搬送後に死亡。その他、家に居合わせたTの母や家政婦も負傷している。

東大名誉教授にして文化功労者、英文学の大長老の惨死は学会に衝撃を与えた。ただしTは精神鑑定の結果、統合失調症による心神喪失が認められ不起訴処分となっている。祖父・父・伯父いずれもが東大卒の東大教授という名門一家に育ったTだったが、一人だけ慶應出身で留学も上手くいかなかった。そうした挫折体験が精神に悪影響を与えたことは想像に難くない。

父と同じ法学の道を諦めたTは、宗教を学ぼうとアメリカに再留学した。しかしこの決意はむしろ、彼の人生にとって悪い結果をもたらしてしまう。

いわゆる「精神世界」が注目されていた時代だ。Tは宗教研究といってもキリスト教や仏教、イスラム教などの社会宗教ではなく、ゾロアスター教やインド神秘主義など個人の精神に強く影響するタイプのそれに傾倒した。もはや勉学の枠など大きく超えて、帰依や実践といった方面へ逸脱。徹底した菜食主義を貫いたため健康が悪化し、帰国する羽目に陥ったのだ。

生半可な修行は、逆に精神の不安定さをもたらす。Tの心に、人生二度目の挫折は耐えきれなかったのだろう。

実家に出戻って以降、彼は日常会話ふくめ英語しか喋らなくなってしまった（事件後の警察取調べも通訳を入れねばならなかったほどだ）。とはいえ超インテリである祖父・父は、英語オンリーの会話という息子の奇行にもスムーズに対応できてしまったはずだ。そうした家族の優秀ぶりもまた、彼のコンプレックスを悪化させただろう。

Tの日記もまた異様なものだった。「悪魔を殺さねばならぬ」「ゾロアスター・アーミンマ。地球人類は悪魔だ。私は、悪魔を殺す使命を神から受けた」……との記述が、英語なのはもちろんのこと、「逆さ言葉」の文章で並んでいたのである。

彼にとっての祖父は人間を超えた頭脳を持つ悪魔であり、だから執拗に頭部を破壊しようとしたのだろうか。もっとも通常は、逆さ言葉を使う方こそが悪魔の側とされるものだが……。

事件後に斎藤家は引っ越し、その跡地は南榎公園となった。すぐそばには泉鏡花の旧宅や、徳川家康のブレーン・林羅山の墓があり、そうした知的雰囲気に誘われ、斎藤勇はここを居住地に選んだのかもしれない。

しかし私は昔から、この近辺は新宿区内でも特別な場所だと捉え、よく散策するようにしている。

南榎町から丘を下りた市谷柳町の交差点は、排気ガスが溜まる地点として有名だ。そこから外苑東通りを二、三分歩いた地点が「寿産院」の跡地となる。終戦直後に百人以上もの貰い子を死なせた「寿産院事件」は有名すぎるので割愛するが、知らない人はネットで検索すればいくらでも情報が出てくるだろう。

また反対の北側へと戻っていけば、右手に幽霊が出たとされる幽霊坂（現・宝竜寺坂）が見える。それを越すとアーティスト・草間彌生が五十年近くも住んでいる精神病院がある。一九七三年にアメリカから帰国して以降、草間は生活の場をこの病院に移し、現在もここからアトリエへと通っている。スガさんも子ども時代、彼女と同じ耳鼻科に通っていたことを覚えているそうだ。

事件当日、斎藤家からほど近いこの院内にいたのなら、おそらく草間にも周囲の騒ぎが聞こえていただろう。

さらに意外な事実がある。一九九〇年代、日本のサブカルチャーに「鬼畜系」「電波系」なる概念を定着させたライター・村崎百郎。彼もまた事件当時、斎藤家の隣に住んでいたのだ。まだその名が売れる前、現場すぐ隣のアパートから騒ぎを聞きつけたとの思い出を、村崎自身が語っている。

つまり斎藤家の周辺は、泉鏡花や林羅山という「表」の知的エリートに縁深いと同時に、「裏」の知を担うアウトサイダーたちをも引き寄せる土地だったと言えるだろう。

そしてこの事件から二年ほど経った頃、徒歩五分ほど、直線距離なら二百メートルほどの近さにある別の公園にて、「お婆さんの幽霊」が出るとの噂が流れた。

それは明らかに、当時九十五歳の斎藤勇が孫に殺された事件が、歪められて発生した怪談だったはずだ。

元となった出来事を直截には語らず、ややディテールを歪めてしまうのは怪談生成によくある現象だ。ここでは本来なら「お爺さん」だった情報が「お婆さん」へと変換されている。二名の殺人・二名の傷害という事件が、一家惨殺へと改変されつつ、ならばなぜ殺された家族のうち「お婆さん」だけが幽霊として出るのかという不自然さも、情報の大元を辿ることで納得できる。

私はまた、図書館に残って事件後のゼンリン住宅地図を確認してみた。

すると事件から二年目の地図にて、斎藤家の区画がそのまま空き地となっていることが確認できた。

残された家族が転居し、斎藤家の屋敷跡が更地になった時期。また、すぐ近くの公園で殺された「お婆さんの幽霊」が出るという噂が発生した時期。

両者はちょうど、同じタイミングだったのだ。

南榎公園。閑静な住宅街の中の、この小さな公園が悲劇の現場だったことを知る人は少ない。

某デパート　1

新宿の某有名デパートの本館が、二〇二二年をもって建て替えとなる。

「もうビル自体がすっかり取り壊されて、新しくなってしまうんです。せっかくなので、かつてその建物であった話を残しておいた方がいいと思うんですよね」

というのは、同デパートにて警備員をしていたナリタさんの談。

「まず我々の間でのあるあるネタを。駅の南側に搬入口があるんですが、その壁沿いには近づかない方がいいって話です」

その日、ナリタさんはAさんBさんとの三人体制で、搬入口に配置されていた。ただし、立ち位置が通常とは若干ズレていたのだという。

折から上陸してきた台風による豪雨のため、いつもの搬入口より建物内へと進んだ、スロープ上での待機となった。

そして嵐のせいか、業者の車もなかなかやってこない。

暇を持て余した三人は、壁沿いにて輪になり、雑談を交わしていたのだが。

——おいっ！

突如、そんな怒鳴り声が聞こえた。驚いたナリタさんはおしゃべりを止め、他の二人を見やった。

「今、誰か〝おいっ〟て言ったか？」

「そうだよな」

横でAさんが頷いた。

「でも俺たちじゃないぞ。だって、壁の中から声が聞こえた」

確かにそうだ。あの声は、壁の向こうから響いてきた。しかしその向こう側には部屋もなにもない。本当にただ壁があるだけなのだ。

「え……なにを言ってんの、お前ら？」

重ねて奇妙なことに、Bさんだけは、あんなに大きな叫び声が聞こえなかったらしい。

後から知ったところでは、そのスロープでは、他にも多くの警備員が「おいっ！」という壁からの声を聞いているらしい。

場合によっては「一台」「二台」と、これから搬入口に入ってくる車の台数を事前に知らせてくることもあるそうだ。

そして後日、ナリタさんはまた別の警備員が、例のスロープの壁に向かって叫んでいるシーンを目の当たりにした。

「おい、じゃねえ！　うるせえんだよおおお！」

ミック・ジャガーに似ていて、ふだんから行動が奇抜なNさんだった。

あの「おいっ！」がよほど気に食わないのか、壁の向こうへ怒鳴《どな》り散らし、蹴りまで入れている始末。

……ああ、やっぱりここ、聞こえる人にはハッキリ聞こえるんだな……。

ナリタさんは、そう納得したそうだ。

そういえば、搬入口すぐそばの歩道橋では、ここ数年で焼身自殺や首吊り自殺（こちらは未遂）が起きているが、壁の向こうの「おいっ！」との関係性はよくわからない。


また別の話。

ミック・ジャガー似のNさんは、このデパートで数々の怪現象に出くわすうち、「キレやすい」人になってしまったようだ。

とある深夜、五階の宝飾エリアで警報が鳴り響いた。

しかしNさん含めた警備員たちがフロア内を見回っても、監視カメラをチェックしても、人影ひとつ見当たらない。

誤作動かと思い引き返すと、やはりまた警報音が鳴り響く。

今度はもっと捜査範囲を広げようと、館内の奥にあるスタッフルームまで調べに入った。するとその部屋の中で「バンバン！」と大きな音が響き渡っていた。

見れば、部屋の隅に置いていたパーテーションが「バンバン！」と音を出し、大きく揺れている。

その裏側を確認したが、誰もいない。その間もずっと、透明ななにかに思いきり叩かれてでもいるように、パーテーションは「バンバン！」と振動していた。

気味悪くなって逃げ出した警備員たちだったが、宝飾品を扱っている階ということもあり、そのままにはしておけないと警察を呼ぶことにした。しかし警察が到着する頃にはパーテーションの異音も止んでおり、調査しても侵入者の形跡はいっさい出てこなかった。

その翌日も、同じ深夜の時刻に警報音が鳴り響いた。

今度はNさんら警備員も、直行でスタッフルームへ駆けこむ。すると、やはりパーテーションが「バンバン！」と鳴っている。

そこで、Nさんはキレた。

「二日もやられたら迷惑なんだよおぉぉ！」

そう怒鳴り散らしながら、パーテーションを蹴り飛ばして床に倒した。それから延々、言葉にならない奇声とともに、横になったパーテーションを足蹴にし続けていた。

その日以降、五階での異変は起こらなくなったそうだ。


さらにまた別の話だが。

このデパートのコンコースにずらりと並んだ五基のエレベーター。

あのエレベーターのどれか一基の内部には、お札《ふだ》が隠されるかたちで貼ってあるらしい。

管理システム会社「Mビルテクノサービス」の社員が、エレベーター工事中に事故で亡くなったために貼られたお札なのだとか。

箱の中のどこに貼ってあるかはわからないが、もしそのお札を見た人は、なぜか全員、「右脚を骨折」してしまうのだという。

某デパート　2

そのデパートに勤めるスタッフなら、おそらく全員が伝え聞いているであろう話がある。

二〇〇〇年代の初め、女性販売員が三階の女子更衣室にて、店のネクタイを使って首吊り自殺をした……というものだ。

私も当時のインターネットのログを調べてみたところ、似たような書き込みが発見できたので、まあ事実に近い情報ではあるのだろう。

亡くなった女性は五階の婦人服売り場スタッフで、まだ工事中のため人の出入りのない三階女子更衣室にこっそり忍び込み、首を吊ったのだという。

ナリタさんおよび同僚の警備員二名は、この噂について、とある悪ノリをしてしまった。

夜中、業者の搬入がない日に館内を真っ暗にし、灯りなしで三階をうろつくという肝試しを敢行したのである。

しかし移動中には特になんの異変も起こらず、ゴールである例の女子更衣室までスムーズにたどり着いた。

「記念に写真撮影しておこうぜ」

暗闇の中、デジカメのシャッターを切ると同時にフラッシュが焚かれる。

その白い光に、デパートの制服を着た女の姿が浮かび上がった。

床よりもずっと上、首を吊ってぶら下がっている状態で。

悲鳴を上げて、三人は更衣室から飛び出した。

後で写真を確認したところ、その画像には首を吊っているような体勢をした人間の、しかし透明なシルエットのみが写っていたそうだ。


怪現象はそこで終わらなかった。というより、そこから始まってしまった。

警備員の仮眠室は、同じ三階にある。翌晩からその仮眠室のロッカーから異音が響くようになったのだ。

バン、バン、バン……と、誰かが中から扉を叩くような音が聞こえてくる。もちろんロッカーを開いてみても中には誰もいない。

しかし閉じるとまた、バン、バン、バン……。たとえ複数人で寝ていても、音は構わず鳴り響く。執拗に、こちらの睡眠と精神安定を削ってくる。

その音は、ナリタさんたち三人以外にも聞こえるようで、警備員の誰もがうるさいとこぼしていた。

「これ、俺たちのせいなのかな……」

心当たりのあるナリタさんたちは罪悪感のせいで、他の警備員よりもずっとロッカーの異音が耳障りに聞こえてしまう。仮眠などいっさいとれず、どんどん衰弱していった。

ある夜、ナリタさんがベッドに寝転がろうとしたところで、また例のバンバン……が聞こえてきた。

これではとても眠れない。諦めて体を起こし、腰掛けた状態でため息をついたところで。


オロオロオロ……


耳元で、甲高い女の声が響いた。

まったく言葉になっていない声。

オロオロオロオロオロオロ……

舌を上下に震わせながら喉を鳴らすと、こんな声になるだろうか。とにかく異様で耳障りな音だった。

「やめろよ！　誰だ、今やったの⁉」

とっさに飛び起き、周囲に叫ぶ。

仮眠室にいた二、三人の警備員は、ベッドの上からキョトンとした顔をこちらに向けてきた。その距離からして、こちらの耳元で声をたてられるはずもない。

それと同じ頃。

また別の警備員が、三階奥の階段の扉部分から「デカい女の頭を見た」と怯えて報告してきた。

閉館後は階段にシャッターが降りるのだが、そのシャッターの上部を突き抜けて、俯いた女の大きな頭が出ており、長い髪を垂らしていたというのだ。

他にも複数人からのクレームが相次いだため、警備員の仮眠室は三階から九階へと移設された。

そこでようやく、多発していた怪現象は鳴りを潜めたのだという。

停止

ナユコさんは、小学生から大学に上がるまでの十年間、新宿二丁目のとあるマンションに住んでいた。

八階の部屋で、両親と弟と妹との五人暮らしだった。

今思えば、そこのエレベーターはしばしば異様な動作をする機械だった。

階数ボタンを押してもいないのに、四階で停止する。誰か呼び出しボタンを押して待っているのかと見れば、エレベーター前には誰もいない。

そんなことがたびたび、どころか毎日のようにあったのだという。

四階で停止する現象は、昇り・降りどちらでも発生する。

八階から一階へと降りている場合なら、四階で待っていた人がしびれをきらし、非常階段を降りていったのか、と考えられなくもない。

しかし昇りの時に停止するのはどういう理由なのか。四階住人が上階にもう一つ部屋を持っていて、そこに移動しようとしたが、エレベーターを待ちきれずに非常階段で移動してしまったのか？

このマンションで複数階に部屋を持っている人など聞いたこともないし、万が一いたとして、エレベーターを呼び出しては自分だけ階段を上るという奇行をいつも繰り返しているのか？

ずいぶん苦しい説明である。だから原因も理由もわからない。わからないのだが、とにかく何回も、何十回も、いや十年間で数えれば何百回も。

ナユコさんの乗ったエレベーターは四階で停止した。

恐怖は覚えなかった。小学校低学年で引っ越してきたナユコさんは、子供心に「そういうものか」と思い、すぐにこの状況に順応してしまったのだ。

四回停止現象は、たびたび頻発する時期もあれば、ぱったり止む時期もある。頻発するサイクルになると、「あ、今日は四階で停まるぞ」ということがエレベーターに乗る前から感じるようになり、その予想はほぼ必ず当たっていた。

また、小学生の時は毎日のように起こっていた四階停止現象だったが、中学、高校と年を経るにつれ、その頻度は徐々に収まっていったという。

ちなみに、ナユコさん一家がそのマンションに引っ越してきた年に、四階から女性が飛び降り自殺をして亡くなっている。いかにもこの怪現象を説明する理由になりそうだと私は思ったのだが、ナユコさん自身は「それは関係ないでしょう」とのスタンスだ。

「だって、例えば四階の部屋に住んでいた女性が、屋上から飛び降りたのなら、幽霊になってもエレベーターを呼ぶのはわかります。でもその女性は四階フロアから飛び降りたんですよ。だからエレベーターは関係ないでしょう」

なるほど。言われてみれば、冷静な意見ではある。

そしてつい二年前、ナユコさん一家はそのマンションから区内の別エリアへと引っ越した。

新居での暮らしも慣れたある日、ほんの軽い気持ちで、ナユコさんは家族に思い出話を漏らした。

「なんか前のマンションって、不思議とエレベーターがよく四階で停まってたよね。人もいないのにさ」

弟と妹はしきりに頷いて、

「うんうん、そうだったよね。それが普通だったから怖いとも不思議とも思ってなかったけど」

ナユコさんと同じ意見を述べてきたのだが。

「なにバカなこと言ってるんだ。そんな故障なんて一度もなかったぞ」

思いがけず、父と母からはキッパリと断言されてしまった。

「あの現象は、なぜか子どもだけにしか起こらなったようなんですよね」

それも不可解なのだが、腑に落ちないことがもう一つ。

そういえば、この四階停止現象について誰かと話すのは、これが初めてだった。いくら慣れっこになっていたとはいえ、これまで家族にすら一言も触れていなかったのは、なぜだったのだろうか。

あのマンションを出るまで、自分も弟も妹も、エレベーターの怪現象を誰も口にすらしなかった。十年もの間、一度として無かったのだ。

いったいどうして？　自分たちはなぜずっと口をつぐんでいたのか？

女性の飛び降り自殺うんぬんよりも、そちらの方がよほど不気味で不可解なことだと、ナユコさんは思っている。

銀髪男

二〇二一年、一月下旬のことだったという。

この年の受験は、新型コロナウイルスの影響により、学校側も受験生側も混乱の渦中に放り出されるかたちとなった。

ヨシオくんも、その一人である。

この時期、ヨシオくんは東京の大学受験を行脚するため、新宿御苑前のＡホテルに一ヶ月ほど連泊することとなった。

当該ホテルは地下に大浴場があり、コロナ禍でも閉鎖されてはいなかった。とはいえそもそも観光客が激減していたし、その他の客も感染を怖れていたのだろう。ヨシオくんの一ヶ月の宿泊期間中、大浴場で他人に出くわすことはほぼ無かったのだという。

ただ、その日に限っては先客がいた。

「お風呂場に入ったとたん、ぱっとその人が目に入って。どんな姿だったかはすごく印象的だったので、今でも覚えています」

そもそも大浴場で他の客を見かけること自体が珍しかったせいもあるが、それだけではない。

「その人、キラッキラの銀髪だったんですよね」

これまでの十八年の人生で、あんなに銀色の頭髪をした人間には、ついぞお目にかかったことはない。とはいえまあ、ここは新宿のど真ん中である。こういう人もいるよな、と思いつつ、さっとシャワーを浴びて浴槽に浸かる。

そこで気がついた。ついさっきまで湯舟にいたはずの銀髪男の姿がない。

あれえ？　いつのまにいなくなったんだろう、おかしいなあ……。

訝《いぶか》しみつつ湯水に身を浸《ひた》しているうち、受験の疲れが出てしまったのだろうか。これまで経験したことがないほどの強烈な睡魔が一気に襲ってくるのを感じた。

知らず知らずのうちに瞼《まぶた》が閉じられ、カクリ、と首が脱力する。

ブラックアウトするがごとく、ヨシオくんは完全に気を失った。

それでも意識を失ったのは、ほんの数秒だったはずだ。

顔が湯水に接したところで、はっと気づいて目を覚まし、元通りの体勢に座りなおした。

するとすぐ目の前に、あの銀髪男がいた。

手を伸ばせば届くほどの位置で湯に浸《つ》かり、こちらに向かってニヤニヤと笑みを浮かべている。

「その顔が、めちゃくちゃ気持ち悪かったんです。どんなつもりで笑っているのか、ぜんぜん相手の気持ちが読めないというか……」

そんな不審感は、すぐに危険を告げるアラートへと切り替わった。

「新宿のホテルの大浴場は、ところによってハッテン場として使われている」といった噂を、ヨシオくんは事前に伝え聞いていた。そして先ほどの、強烈な眠気。

……これ、俺、なんかハメられちゃったんじゃないか？

やばいやばいやばいやばいやばい。そんな言葉で脳内がいっぱいになった。浴槽を飛び出し、体を拭くのもそこそこに、一目散でフロントへと駆け込んだ。

その場にいた従業員に、事の次第をまくしたてると。

「少々お待ちください……」

すぐにホテルスタッフが三人ほど集まってきて、なにやらひそひそと小声で話し合っている。そうこうするうち、明らかに「お偉い人」もやってきて協議に参加しはじめたのだが、いつまで経ってもこちらへ回答する気配がない。

恐怖と興奮がないまぜになっていたヨシオくんは、ついに声を荒げた。

「ちょっと、どうにかして欲しいんですけど！」

するとようやくフロントスタッフがこちらにやってきて。

「たいへん申しわけないのですが、本日ご宿泊のお客様で、お客様の話された特徴の方はいらっしゃいません」

「は？」

「銀髪をされた方というのは、一人もおりません」

それはおかしい、というこちらの言葉を制するかのように、スタッフは早口で言葉を継いだ。

「たいへん申し上げづらいのですが、この件に関してはまたご連絡いたしますので、それまで大浴場のご利用を控えていただきますよう、よろしくお願いいたします」

意味不明の要求である。しかも柔らかい敬語ながら、反論を許さない断固としたトーンが滲《にじ》み出ていた。

「もう気味悪くなっちゃって……。あと三日でAホテルから出ることは決まってたので、それで了解してその場は終わったんですけど」

三日後、ホテルを出る段になり、ヨシオくんはフロント前の機械にて自動チェックアウトの手続きを行っていた。

するとフロントスタッフが、つかつかとこちらに近寄ってきて、

「お客様、この間のことなのですが」

また相槌すら打てないほどの早口で、こうまくしたててきたのである。

「お客様が会われたのは当ホテルの従業員でしたそのうちの一人が就業時間外なので入浴していたようでしてたいへんご迷惑おかけしましたお詫びと言っては失礼ですがこちらお納めいただければ幸いです」

と、五千円分のデパート商品券を手渡してきたのだそうだ。

「いや、あり得ない説明ですよね。地方の温泉宿でもないのに、スタッフが大浴場に入ってきます？　ていうかそもそも、あんな銀髪のホテルマンがいるわけない」

また、これは日にちが経ってから気づいたそうなのだが。

Ａホテル大浴場の脱衣所はロッカーではなく、棚に脱衣籠が並んでいる形式だ。つまり先客がいれば、籠に衣服が入れられてあるはずなのだ。

そしてあの日のヨシオくんは、どの籠もがら空きだと確認してから浴場に向かっていた。

「ラッキー今日も一人だって思ったので、記憶は確かです」

もちろん、誰かが悪意を持って工夫すれば、高校生の目をかいくぐって大浴場を出入りすることは不可能ではないかもしれない。しかしたとえそうだとしても、その後のホテルの対応も含め、あまりに不可解で、なにか隠しているようで、

「すごく気持ち悪いなあ……っていう、そんな体験談です」

暗い部屋

「変な勘が働いたというだけで、怪談になるかわかりませんが……」

一九九〇年代後半、ハルコさんは当時勤めていた会社の社宅に入居することとなった。会社が借り上げたマンションのうち、空き部屋を割り当てられるというシステムだ。ただしハルコさんの場合、ちょっとした特例が働いた。

「二つの部屋が空いているので、両方見て、自分で好きな方に決めてください」

そのように事務から通達された時点で、おや、と思った。

「会社側が勝手に部屋を指定してくるのがルールで、こちらの希望なんて聞かないはずなんですよ。他の社員に聞いても、かなり異例だね、と」

まあ、それならそれで内見して決めなければならない。まだ若かったハルコさんは母親に同行してもらい、新宿区中落合にあるそのマンションを訪ねた。

空き部屋は一階と三階だと言われていた。しかしその選択作業はあっというまに終わってしまった。

「一階の部屋が、とにかく嫌な空気だったんです」

玄関を開けて中を見た瞬間、「ここはダメだ」という言葉が口をついた。

母親も間髪を入れず「うん、ここはない」と頷く。

とにかく日当たりが悪い、暗くて湿気た洞窟のように見えたのだという。

しかし、これは今から考えるとおかしいのだ。

その日は雲一つない快晴の天気。部屋は南向きで、たとえ照明を点けずとも奥の大きな掃き出し窓から充分に採光されていたはずだから。

しかしハルコさんも母親も、土間から中に足を踏み入れもせず、開けたばかりの玄関をすぐに閉じてしまった。

一方、そこから垂直の真上にあたる三階の部屋は、同じ建物かと思うほどに明るく感じられた。窓からの景色も気に入ったため、そちらに入居した。

ハルコさんが入居してすぐ、一階の部屋も埋まったようだった。よくあんな暗い部屋に住めるな、とも思ったが、よく考えれば部屋のつくりは全て同じだし、一階フロアの部屋すべてが異様に暗いはずもない。

もしかしたら自分の感覚の方がおかしいのかな……と思い直していたのだが。

「その部屋の入居者、すごく頻繁に入れ替わっていたんです」

まず最初の入居者は、何度も空き巣の被害にあったため、嫌気がさして逃げ去ってしまった。

「それだけじゃないんです。新しい住人に替わっても、また別の泥棒に入られて、その人が出ていったらまた別の空き巣が……ということをずっと繰り返していたんですね」

建物の構造の問題もあるのかもしれない。都市伝説めいているが、犯罪者ネットワークで「あそこは空き巣に入りやすい」という情報交換がされているのかもしれない。

しかしそれにしても、だ。一階部分だけで十戸並んでいるうち、特定の同じ部屋だけが異様なハイペースで空き巣被害に遭うものだろうか？　少なくとも私はそんな話を他に聞いたことがない。

ともかく、自分はあの部屋に住まなくて良かったと安心していたある日のこと。

休日だったので買い物に行こうと一階へ下りたところで、二人の男が目の前に立ち塞がった。なにかと驚いているうち、男の一人はこちらに手帳をかざして。

「警察です。聞きたいことがあるのですが、よろしいでしょうか？」

「……はい、なんでしょうか……？」

「昨夜の深夜二時頃、ガラスの割れる音を聞きませんでしたか？」

その刑事によれば、一階の例の部屋の窓ガラスが壊された。真上の部屋にいたハルコさんであれば、なにか物音や気配を感じなかっただろうか、との質問だった。

「え、また空き巣ですか」

そう言った瞬間、違うと気づいた。そんな夜中に窓を割って侵入してくるということは、

「もしかして強盗……？」

しかし刑事の返答は、さらに予想を超えてきた。

実はここ一年以上にわたって、新宿区・豊島区の目白通り沿いで、連続強姦事件が十件以上も相次いでいる。おそらく同一の単独犯によるもので、留守宅での窃盗も含めれば、とんでもない数の犯行になる。しかし犯人はまだ捕まっていないので、充分に注意してほしい……というものだった。


ここでいったん著者から補足させてもらえば、これは一九九八年八月二十一日に犯人が逮捕された、通称「目白通り沿い連続強姦事件」のことである。

一九九六年七月から目白通り沿いのエリアにて、実に十九件の強姦・強盗、四十件の窃盗が行われた凶悪事件で、東京地裁は「人間性を著しく欠いた、まれにみる凶悪な犯行」とし、求刑通りの無期懲役判決を犯人に言い渡した。


話を戻せば、その犯人らしき男が昨夜二時頃、一階のあの部屋に、窓ガラスを割り鍵を

開けて侵入したとのことだった。住人の女性はそのまま男に縛られ、半日にわたり監禁されてしまった。数時間前に男は逃亡し、解放された女性が警察に通報したため、この刑事たちが駆けつけたという次第らしい。

社宅として使われているのだから、その被害者は同じ会社の社員のはずである。ひどくショックを受けたハルコさんだったが。

「すいません、私、その時間にも起きてたんですが、テレビゲームをしていまして……」

犯行時刻にあたるタイミングで、ちょうどヘッドホンを付けて初代『バイオハザード』をプレイしていた。それも洋館のステージ、窓ガラスの割れる演出が多い場面である。

「だからちょっとわかりません……」

そう答えると、意外にも刑事たちは柔和な声で慰めるように。

「まあでも良かったですよ。ガラスの割れる音が聞こえたら、窓の下を覗いてたかもしれませんから」

確かにそうだ。思わず窓を開き、真下へと顔を覗かせ、確認しようとしたはずだろう。

「そこで、まだ部屋に侵入前の犯人と目が合っていたら、危なかったかもしれません」

なにしろ未解決事件の凶悪犯である。その場は逃亡したとしても、顔を見られたと逆恨みされれば、いつか襲撃しに来ることも考えられる。

つまり内見の時と同じように、昨夜のハルコさんも、自分でも知らぬうちに危険を回避していたことになる。

「そうなんですよね……最初の引っ越しで一歩間違えてたら、自分が同じ目に遭ってたかもしれませんし。二つ真下のところでそんな事件が起きてるとは思いもよりませんでしたから」

ただ、奇妙な点がもう一つある。

確かに例の一階の部屋にて、犯人は住人女性を半日ほど監禁していた。ただ被害者の供述によれば、強姦に類する行為はなされなかったそうである。

「彼女、その後すぐにうちの会社を辞めてしまったらしいので、ひどい恐怖によりショックを受けていたのは確かなんですが……」

その他大勢の空き巣たちと同じく、例の凶悪犯も、あの部屋の空気に誘われて侵入してきたのだろう。

しかしその犯人もまた、ハルコさんやその母親と同じ感受性の持ち主だったのかもしれない。あの部屋の、ひどく暗くて湿気た、洞窟のような空気を感じ取り、気圧《けお》されてしまったのではないだろうか。

お岩の町　1

四谷の左門町《さもんちょう》は小さな町だ。

その気になれば徒歩でもすぐにぐるりと一周できる。外苑東通りで分断されている部分を通るのは手間になるが、それでも大した時間はかからないだろう。

新宿区は意外と昔ながらの細かな町区分が多く、箪笥町《たんすまち》や納戸町《なんどまち》など丁目のない住所がごちゃごちゃと連なっている。左門町もその例に漏れない。

しかしこのわずかな範囲内で、私は少なくとも五つの幽霊屋敷を知っている。

一つは言うまでもなく、「四谷怪談」に登場するお岩さんの田宮《たみや》家だ。哀れなお岩が追い出されてからは、伊右衛門《いえもん》の家になったともいえるだろうか。四世鶴屋南北による『東海道四谷怪談』の民谷《たみや》家では雑司ヶ谷とされているものの、その元となる「実録」の舞台が左門町なのは周知のとおり。

まあ「実録」といっても虚実曖昧な噂に過ぎないが、お岩の怒りと恨みが伊右衛門たちに祟り、その親族・関係者が次々に死んでいったとされる屋敷は、かつてここにあったのだという。付近には現在でもお岩ゆかりの田宮稲荷神社と陽運寺とが向かい合っていることは、今さら指摘するまでもない。

しかし有名な四谷怪談とはまったく別に、四つの幽霊屋敷が町内に点在していたことは誰もご存知ないだろう。そのうち二つは、私が雑誌と書籍を調べるうちに偶然発見したもの、もう二つは、私が取材した実体験談として語られているものとなる。

ではまず、後者の幽霊屋敷の体験談を紹介していくこととしよう。


私がライターのMさんから聞いた話。彼の友人ショウゴのエピソードとなる。

昭和の終わり頃のこと。当時、駆け出しの放送作家だったショウゴは、テレビ局で仕事をする機会が多かったので、学生時から暮らしていた三鷹《みたか》を離れ、左門町の古いアパートへと引っ越した。まだフジテレビがすぐ近くの河田町《かわだちょう》にあった時代のことだ。

そのアパートは、表通りの酒屋が経営している物件で、同じ建物の一角に造られていたという。部屋は酒屋の横丁を入った裏通りに面していたので陽当たりが悪く、昼でも薄暗くじめじめとしている。けっしてよい環境とは言えないのだが。

まあ、時々帰って寝るだけの仮住まいだしな……。

ショウゴは特に気にせず、部屋を借り受けたのだった。

しかしそこで暮らし始めた頃から、どんどんと体調が悪くなっていく。テレビ仕事の過密スケジュールの中、食事だけがストレス発散なのに、食べればすぐに吐き戻してしまうようになった。

体力には自信があったので、それでも自ら鞭打って働こうとした。しかしテレビ局からの殺人的スケジュールにもついていけず、たびたび仕事を休んでしまう羽目に陥る。そのうち吐瀉物に血が混じるようになり、さすがのショウゴも観念した。

長期休暇をもらい、じっくり療養することにしたのだ。

しかし、ぐっすりと睡眠をとるうちに吐血は収まったものの、体の不調そのものはいっこうに治らない。病院で検査しても、ただの過労と診断されるだけ。

いやいや、自分、人並み以上の体力はあるはずなんだけどなあ……。

そう不思議がっていたところ、見舞いに来た大学時代の友人に、奇妙な指摘をされた。

「おい、お前に悪さをしているものが、この部屋にいるぞ」

部屋の中をぐるりと見渡し、そう断言してきたのである。その友人は川崎の寺の息子だからなのか、昔から驚くような霊感の鋭さを持ち合わせていた。

「それなら俺はどうすればいい」

「今すぐ引っ越せ。それが一番だ」

原因不明の体調不良に悩んでいたショウゴは、友人のアドバイスに従った。

ツテをたどって、すぐに練馬区西大泉へと転居先を決めた。いざ引っ越しとなり、例の寺息子の友人も手伝いに来てくれて、次々に家具をトラックへ運んでいく。

そして壁際に置いていた本棚を二人で動かしたところで、

「なんだよ、これ」

異様な光景が目に入ってきた。

隠れていた本棚裏の壁に、赤黒い染みがベッタリと覆っていたのだ。

それは下から上に向かって広がっており、まるで低い位置から噴出した大量の血液が染みついたもののように見えた。

日本刀で一閃、太い動脈を斬りつければ、ちょうどこのような血しぶきとなるだろうか。

「お前、こんな染みがあるって気づかなかったのかよ」

「そんな訳ないだろ」

もちろん入居時に空き室の状態を確認しているし、本棚だって自分で設置した。こんな染みはどこにもなかったと断言できる。

「住んでいるうちに浮き出てきた、としか思えないよ……」

この直後、ショウゴは高熱を出して倒れてしまった。とりあえず引っ越しは翌日に延期したが、一晩寝ても熱はいっこうに冷めず、それどころか悪寒と吐き気にも襲われる始末。

「まずいぞ、ここから逃さないようにしてるんじゃないか」

友人が看病しつつ、そう忠告する。

「せめてこの熱だけ、今すぐ下げられないか」

すると友人は、近所にある田宮稲荷神社にお参りするのはどうか、と提案してきた。

「でもあそこ、四谷怪談のお岩さんだろ。そっちはそっちで怖い幽霊じゃないのかよ」

「いや、丁寧にお願いすれば、話を聞いてくれると思う。歌舞伎の人たちだって公演前にちゃんとお参りしているだろ」

さっそく可愛らしいキャンディを手土産《みやげ》に、二人して田宮稲荷へと願掛けに行った。すると次の日にはショウゴの高熱や悪寒はすっかり治まり、引っ越しもつつがなく終えることができた。

それを境に、ショウゴの体調はみるみる万全にまで回復し、ふたたび放送作家の仕事に邁進していったということだ。

「そんなことがあったので、ショウゴは今でも、お岩さんには感謝しているそうです」

ライターMさんは、私にそう語ってくれた。

なるほど、お岩さんの祟りどころか、そのご利益によって難を逃れたという話だろうか。

ちなみにショウゴさんの友人である寺息子だけは、本棚裏の血しぶき、部屋にいたものについて、なにやら心当たりがついていた様子だったという。

ライターMさんが、今回の取材時にショウゴさん本人に再度話を伺ってくれたところ。

「〝部屋にいたなにか〟については、『お前に覚悟がないから言わないでおく』と秘密にされたので、自分もその正体はいまだにわからない」

とのことだった。ならば、こちらであれこれ推測するしかない。

そう、例えば……。

当該のアパートは既に取り壊されて跡形もない。しかしそのすぐ近く、元は田宮家の地所だったところに、かつて一軒の幽霊屋敷が建っていたことを、私は以前から知っていた。別件の資料調査中、偶然見つけた『週刊朝日』の記事を呼んでいたからだ。

同誌一九七九年七月六日号「お岩の形見は掛け軸とつば⁉　四谷オカルトハウス跡にビル」によれば、当時建設中のビル敷地は、元々ある一族の木造家屋。そこではずっと前から怪現象が頻発していたのだという。当時住んでいた家人の証言を引用すると。

「お正月になると決まって火が出るの。燃え出したのは、トースター、椅子の脚、食器棚。それが絶対に火事にはならないの。食器棚の時は、どこまで燃えるか見てたら、棚だけ全焼して、ひとりでに消えたたわ」

などと、もはや怪事に慣れきってしまっている様子さえうかがえる。

また二階四畳半の飾り柱には、

「お岩の顔のようなコブがいっぱいついていて、この柱の周辺で、「鳥が出たり、ひどい時は扇風機が出たり」、いろんな幻が見える」

という、ちょっと珍しい怪現象も採取されている。

このビルとショウゴさんの住んでいたアパートとでは住所がややズレているが、左門町の中でも互いにかなり近い距離に位置している。もしかしたらショウゴさんのアパートも、元・田宮家の地所だったのかもしれない。

また『週刊朝日』記事によれば、当該の屋敷では「古い掛け軸と刀のつば」が代々伝わっているそうだ。ビルに建て替えられた際にも「かけ軸と刀のつばは、家に付いていたものだから、新しいビルのどこかに飾っておきたい」と家人が語っている点が興味深い。

刀のつばと、日本刀で斬りつけたような血しぶき。どこか関連性があるように思えないだろうか。ショウゴさんの体験談と接続すれば、田宮家の遺した刀のつばによる祟りを受けたのだが、お岩稲荷への願掛けによってそれを消去した……といった解釈も可能なのでは？

あるいは、こうも想像できる。

左門町のすぐ隣町の須賀町《すがちょう》には「首斬り浅右衛門の墓」がある。江戸時代、死罪執行の首斬り役を務めた山田浅右衛門《やまだあさえもん》。その六代目・七代目にあたる人物の墓だ。

高い斬首の技術を持っていた彼らなら、何度も斬りつけて乱雑な返り血を飛ばすことなく、たった一振りで鮮やかな血しぶきを噴出させたことだろう。そう、まるであの本棚裏の染みのような。

寺息子がショウゴさんに「覚悟がないから言わないでおく」として隠した正体はいったいなんだったのだろうか。田宮家の刀のつばか、首切り浅右衛門か……いずれにせよ血なまぐさい事実だったことには間違いないだろう。

お岩の町　2

カヨさんの実家は四谷にある。

家屋が建設されたのは一九八〇年代半ばだが、それより前の二年間、カヨさん家族は左門町のアパートに仮住まいをしていた。

当時のカヨさんはまだ生まれたばかりで、年子の兄も乳幼児。だからそのアパートがたいへんな「幽霊屋敷」だったとは、後に父と母から聞かされて知ることとなる。

「引っ越したその日から、母はおかしなものを見てしまったそうなんです」

荷物整理に疲れた母が布団に入り、さて寝ようかと思ったところで、水の流れる音が聞こえてきた。

……トイレが流しっぱなしになっているのか？

不審に思っていると、続いてまた別の音が重なってきた。ガシャリガシャリ、という金属がぶつかり合うような響きだ。

「母はそういう体験を何度かしている人だったので、目をつむってやり過ごそうとしたらしいんですが」

ガシャリガシャリの響きはさらに大きく、近くなってくる。どうやら、この部屋に入ってきた様子である。

うっすら瞼を開けると、薄暗い寝室の四方を歩く、無数の人の足が見えた。足だけなので不明だが、古い時代の人間、それも「武士」らしき格好をしているようだ。

そうか、この音は、刀が擦《こす》れて鳴る音だったのか……。そう思いつつ、自分の周囲をガシャガシャと巡る足を、母はひたすら無視し続けた。

引っ越し初日の出来事である。怖がらせたり心配させては悪いと思い、母はこの夜の怪事を父親に告げずにおくことにした。

しかし同じ現象はそれから毎晩続いた。まずトイレの水の流れる音が聞こえ、続いて金属音とともに武士たちの足が寝室に入ってくる。それ以上の危害は無いとはいえ、神経に障ることには変わりない。ずっと十分な睡眠もとれず、自分が耐えていればと思っていた母にも、そろそろ限界が近づいてきた。

しかしそんなある夜。ふと目をやれば、横で寝ている父もまた、唸り声を上げてうなされていることに気づいた。

これまで水音と金属音に意識をとられていたが、そういえば引っ越してからというもの、鼾《いびき》一つかかなかった父の寝息が荒くなっているような気がする。

翌朝、母は思いきって父に質問をぶつけてみた。

「もしかしてあなた、夜になにか見ていませんか」

すると父は驚きの表情を浮かべて。

「怖がらせてはまずいと思い、ずっと黙っていたが……」

父によれば、夜中になるといつも、トイレのドアが激しく開く音がする。次の瞬間、自分の枕元に一人の女性が座りこんでいることに気づく。女性はさめざめと泣きながら、なにごとかを呟いている。だがそれは声にならない声で、なんと言っているのかまでは聞き取れない。

「しかしその様子だけで、どうにも肝《きも》が冷やされて、生きた心地がしないんだ……」

「あなた、それってこの前の怪我とも関係しているんじゃないですか」

実は父は、このアパートに引っ越してすぐ怪我をしている。

まず発端として、嵌めこみ式の窓のガラスが、誰も触れていないのに突如ヒビが入り割れてしまった。父が修理しようと窓枠に手をかけたとたん、割れたガラスの一部がひとりでにすうっと抜け出て、そのまま父の足を斬りつけるように落下したのだ。太い血管が切れたため、父は六針縫うほどの傷を負い大出血してしまった。

個々の現象はありえないという程ではないが、ここまで不運が連続する事態は珍しいだろう。

ほうっておいたら、もっと悲惨な事態を招くかもしれない。しかも今は、乳飲み子を二人も抱えている状態だ。

そう怯えた両親は、母方の祖母が親しくしている霊能者に相談してみることにした。その老女のもとを訪れると、まだなんら情報を伝えていない出会いがしら、じいっと父の目を覗き込んできて、

「あなたの目の中に女の人がいます」

と告げてきた。

「その方は未婚で亡くなられています。新婚のあなたたちが羨ましいと言って泣いています。今お住まいの周りで、未婚で亡くなられた女性はいらっしゃいませんか」

もちろん左門町への新参者である自分たちには、なんら心当たりがない。後日、二人して近所の人々にそれとなく事情を聴きまわってみたところ。

「ああ、それなら、お宅の裏に使われていない建物があるでしょう……」

アパートすぐ裏手に佇む廃屋。それは以前、診療所だったところが閉鎖したものなのだという。さらに聞きこむと、その診療所の娘さんが、嫁入り前に若くして亡くなっている

というのだが。

なにやら悲惨な死に方をしたため、他人には詳細を隠されていたようで、近隣住民も定かなことはわかっていなかった。

この符合に震え上がった父と母は、アパートから裏の敷地を覗き込んでみた。ある残置物が無いかどうか探してみるためだ。霊能者の老女から、次のようなことも告げられていたのである。

「アパートの近くに、大きな井戸はないですかね？　その女性は井戸と深い関わりがあるように感じます。もしかしたら女性は井戸に飛び込んで亡くなったのではないか……と」

井戸に飛び込んだのと同じように、女性は父の瞳の中へと飛び込んできたのだろうか。そう思うと寒気が走った。考えてみれば、父母ともに怪現象の前触れとして、いつもトイレからの異音を聞いている。隣接地の井戸であれば、水道の流れが繋がっているだろうから、そうした意味で合点がいく。

さらに考えれば、問題の井戸さえ見つかれば、そこでお祓いや弔いを行うことで、全て解決するのではないだろうか。

しかしいくら目を皿のようにして探しても、また別角度から診療所跡を覗いてみても、井戸らしき跡は見当たらない。

となると、井戸はまた別のポイントに存在するのか。そう思って左門町や須賀町を探してみるが、少なくとも近所には井戸に類するものは発見できなかった。

「結局、私たち家族は二年にわたってそのアパートで暮らしました」

その間、年中のように怪現象に悩まされてはいたが、なんとか生死にかかわるような目には遭わずに済んだ。


そのアパートは二階建ての各階それぞれ一部屋ずつという構造で、一階のカヨさん家族の上には、イギリス人男性二人がルームシェアをしていた。

彼ら——ジョンとエドワードは父母と同世代で、その後もずっと家族ぐるみの友人関係が続いている。

そして当時のジョンは始終、「この家、ゴーストがすごい！」と主張していたそうだ。

「かなしばり！　かなしばり！　いつも怖い夢を見る！」

すっかり怯えてしまった彼は、エドワードを残してさっさと近所に引っ越してしまったのである。

と、そこまでカヨさんの話を聞いたところで、私の記憶が刺激された。四谷の左門町にて、住人全員が幽霊を目撃するアパートというものに心当たりがあったのだ。

中岡俊哉『東京ミステリーの旅』という本で紹介された「幽霊アパート」である。一九八四年の発刊当時、左門町に実在したアパートを写真付きで掲載しているのだから、当時の大らかさが偲ばれる。

「このアパートは建ててから二十数年も過ぎた古いものだが、アパートの裏手には墓地がある。その関係かどうか、このアパートの住人で霊を目撃していない人はまずいない」

年代的にもカヨさんのアパートと合致するのでもしや、と思ったのだが、結論から述べると写真も立地も別物だった。なにしろカヨさんのアパートはまだ現存しているので、中岡俊哉の写真と照合し、確かめることもできるのだ。

合致しなかったのは残念だが、また別の考えをすれば、一九八〇年代の左門町には二軒の幽霊アパートが同時に共存していたということにもなる。いや、前話の幽霊アパートと元幽霊屋敷のビルを入れれば「四軒」か。

そして例のアパートには今も誰かが住んでいる。カヨさんは建物の近くを通る際、どんな住人がいるのかいつも気にしているそうだなのだが。

「私が見た中では、ドラァグクイーンの人とか、いつもすごい高さの一本下駄を履いている男性とか、癖のある人たちばかりでしたね」

さて、退去したジョンに対し、エドワードは明るい豪傑タイプだったこともあり、「ゴーストなんているわけない。そんなもの怖くない」と笑い飛ばし、長らくそのアパートに住み続けていた。

しかし、カヨさんたちが今の家に引っ越してから十五年ほど経った頃、エドワードから一本の連絡が入る。

「もうこのアパートを出ることにした。荷物もなにもいらないので、欲しいものがあれば持っていくといい」

足も踏み入れたくないという父母に代わって、カヨさんが彼の元を訪ねる役割をおおせつかった。

「そこがおばけアパートなのは両親から聞かされていたので、あまり建物内は探索しなかったのですが」

ひどく驚いたのは、エドワードの様子だった。かつての覇気がいっさいなくなっており、言動もところどころ意味が通じない部分すらある。彼自身の説明では「もうずっと心を病んでしまっている」のだという。引っ越しの理由を尋ねるどころではなく、そそくさと部屋を後にしたのだが。

その後、エドワードは自ら命を絶ってしまったのだった。

「オバケなんて怖くないと笑っていた人がすっかり様変わりしてしまったのは、なんだか異様でしたね……」

そして、つい最近のことである。

例の診療所の建物がようやく取り壊されることとなった。散歩中の母親がたまたま近くを通りかかったところ、すっかり解体工事も終わった更地が目に入った。

……ああ、もう全部壊しちゃったのねえ……。

と、地面を見渡したところで寒気が走った。

その更地の片隅に、直径二メートルほどの円形の穴の痕跡があったのだ。明らかに埋め潰された井戸である。それも人が飛び込めるほどの大きさのもの。

井戸を廃棄するにはそれなりの手続きが必要となる。現代日本でも必ず、お祓いの儀式を行い、撤去後もパイプから空気を通す息抜きを行うようにしている。ぞんざいに井戸を埋め潰したために凶事が続出したとの怪談は非常に数多い。

しかしこの井戸は、父母たちが必死に探しても見つからないほど、徹底的に埋め潰されていたのである。

それはおそらく、たいへんに忌むべき井戸だったからなのだろう。

お岩の町　3

最後に、これはごくささやかな話ではあるが。

左門町に限らず須賀町や若葉のエリア一帯は寺町で、寺の敷地や墓地がたくさん点在している。またそのせいもあって区画整理が進んでおらず、曲がりくねった路地が複雑に入り組んでいる。

だからカヨさんが子どもの頃、近所の友達の家へ遊びに行く際も、あちこちの寺の脇を通り過ぎていかねばならなかった。

そのうちの某寺の隣は、長らく空き家となっていた。ある日のこと、小学生だったカヨさんは好奇心からその家の門扉を開け、敷地内を覗いてみたことがあった。

すると門から玄関にかけてのスペースに、ボウリング玉ほどのサイズの物体が山積みとなっているのが見えた。

それらは全て、人間の頭だった。

ざっと見て五十個近くはあるだろうか、大量の物言わぬ頭部、粗雑なざんばら髪の頭が、ごろごろと積み重なっている。

「ただ、その時の私は生首ではなく、頭部だけのマネキンが棄ててあるんだと思って」

すぐ友達の家に駆けつけて
「マネキンの頭がたくさんあるよ！　見に行こうよ！」

と友人を誘い、二人して例の空き家へと引き返していったのだが。

再び門扉を開けると、つい先ほどまであった頭は一つ残らず消え去ってしまっていたのだという。


この体験に、現実的な解釈をつけることも可能だろう。

例えば、すぐ近くに美容専門学校があるので、その練習用のマネキン（いわゆる首チョンパ）が廃棄されていた可能性。これなら頭部だけのマネキンが大量にあったこと、カットされすぎてめちゃくちゃな髪型となっていることの両方が説明できる。

短時間で消えた理由については、学校関係者がカヨさんに不法投棄を目撃されたことに気づき、慌てて別のところに持ち運んでいった……と、これは苦しい説明だがあり得なくはない。

ただカヨさんは中学高校と成長するにつれて、ある事実を知ったのだそうだ。

その家屋は正確には空き家ではなかったこと。隣の寺の敷地内にある、使われていないだけの建物だったこと。

そしてその寺が地元では通称「首斬り寺」と呼ばれていたこと。

前々話でも触れた山田浅右衛門の墓を祀っている寺である。言うまでもなく、六・七代目の浅右衛門が眠っているのが、「首切り寺」という通称の由来である。

しかしカヨさん自身は、五十個の生首を見たことを、それほど特異な体験にはカウントしていない。

この町では、そんなものが見えたりしても大して珍しくないのだ。そう、カヨさんは思っている。

他にも例えば、首斬り寺から闇《くらやみ》坂を下りた公園で遊んでいれば、いつも見えないなにかが自分の服を引っ張ってきたではないか。

そういった様々な怪事が、ごくごく普通によく起こるのだ。この左門町では。

マユミの話

「マユミの怪談ばなしについては、あの頃、この街の人たちから、さんざん聞かれたものです」

カウンターの向こうで、トオルさんがその一部始終を語り始めた。一部始終とはつまり、マユミと、マユミの怪談と、その怪談を語る歌舞伎町の人々について、ということだ。

私は焼酎の水割りを口にふくみながら、耳を傾けていた。

ここは歌舞伎町の片隅にある、小さな居酒屋。知人の紹介にて、店長のトオルさんから怪談を取材させてもらう段取りとなっていた。

ご存知のとおり、歌舞伎町やゴールデン街の一帯には、個人経営の小さな飲み屋がひしめき合っている。

そこでは、お互いの店を行き来したり、各店にてイベントを催したり、休日には皆で遠出して遊びにいったりと、店員や常連同士のネットワークが生まれ、独特な人間関係が育まれていく。

週に何度も顔を合わせ、お互いにあだ名で呼び合い、徹夜で恋愛相談に乗ったりもする。

しかしまた同時に、それぞれの年齢や住所すら知らなかったということもザラにある。そんな彼らのあいだで、数年前、とある怪談が広まったのだ。

マユミが亡くなった。

自宅アパートの部屋で首を吊って、一人きりで死んでいた。

マユミは二〇〇〇年代末頃に歌舞伎町にやってきた。お笑い芸人で身を立てようとしていたが、もちろん最初から食べていけるはずもない。歌舞伎町の小さなバーで働き、生活費を稼いでいた。

トオルさんたちとは、彼女がこの街に来てすぐに仲良くなった。さすが芸人だけあって愛嬌もあり、コミュニティ内ではいじられキャラとして愛されていた。

「マユミが休みの日にはよく飲みに来てくれてましたね。また、うちの店で人手が足りない時にヘルプで働いてもらったりもして」

同年齢かつ同じ関西出身のトオルさんとは特にウマがあった。彼女からの恋愛相談も、よく受けていた。そんな日々が四年ほど続くうち、マユミも芸人として軌道に乗りはじめ、テレビに出演したりファンがつくようにもなっていたのだが。

マユミは次第に、芸人としての仕事よりも、報われない恋愛へと依存するようになった。

彼女は勤め先のバーのマスターと、長らくの不倫関係にあった。しかもマスターは本妻の他に数名もの愛人と関係しており、マユミはその三番手ほどの順位に過ぎなかった。

本人はハッキリと明言しないものの、もちろん周囲の人々は全ての事情を把握していた。当初は遊びに過ぎないような関係だったはずが、次第にずぶずぶの泥沼へとはまり込んでいったことも。

「お前は芸人やろ？　そんなんで真剣に悩むなって。ただ芸の糧《かて》にすりゃええ話やろ」

トオルさんもさんざんアドバイスしていたのだが、事態はさらに悪化していく。

その週の火曜日、マユミはマスターからクビを宣告された。明らかに痴情のもつれ、関係がこじれにこじれた結果だろう。

その翌日、水曜日の朝、マユミは自ら死を選んだ。

いっさい連絡が取れないことを周囲の人々が心配し、なんとか自宅の住所を突き止めたのが金曜日のこと（彼らは全員、マユミがどこに住んでいるのかを知らなかったのだ）。

マユミのアパートを訪ねた人々によれば、玄関の鍵はかけられていなかったそうだ。ドアを開くとすぐ目の前で、首を吊ったマユミがぶら下がっていた。そのロープは玄関扉の上部の蝶番に結ばれていたのだ。

マユミはおそらく、マスターが第一発見者になるはず、と考えていたのだろう。

心配して自分の部屋を訪ねたマスターに、覆いかぶさるほど近くで自分の死体を見せつけたかったのだ。その目論見は、まったく外れてしまったのだが。

葬儀は数日後、直葬にて行われた。参列者は親族のみということで、トオルさんたちとの最後の別れは叶わなかった。


それから二日後である。

「ちょっと話があるんだけど……」

トオルさんの店に来た女友だちが、深刻めいた表情でそう言ってきた。マユミとも仲の良かった、共通の友人である。

「これ見て」

と、携帯電話の着信履歴をこちらに向ける。

マユミの名前が、画面に表示されていた。しかしその日付は、葬儀の翌日となっている。

「なんやこれ、ありえへんやろ、この履歴」

「そうだよね」

「この電話、出たんか」

「出たよ。出たんだけどさ……」

ザーーーッというテレビの砂嵐のような音が、通話口から響いてきたのだという。さらに数秒後、その雑音の奥から、人らしき声が漏れ聞こえだした。

うううう、うううう……

低いうめき声だった。雑音にまぎれ、誰の声かまでは特定できないが、女のものだろうとは察せられた。

「たぶんマユミの声だよね」と、女友だちは呟《つぶや》いた。


マユミの勤めていたバーは、彼女の死後しばらくは休業状態となっていた。

さすがにマスターも突然の自殺はこたえたのだろうか。二人きりで店を回していたので、単純にスタッフがもう一人必要だという実際的事情で休んでいただけかもしれないが。

その間、トオルさんたちは自分の店で自主的に、マユミの葬儀を執り行った。参列者の名簿をつくり、祭壇も店内に設置し、僧侶の読経をもって弔ったのである。

そして一ヶ月後。

バーの方が営業再開したのだが、そこから数々の怪現象が頻発することとなる。

まず新規のアルバイトを募集したところ、応募してきた女性の履歴書を見てマスターは愕然とした。

名前が「マユミ」だったからだ。

その時は不採用としたのだが、どのような偶然だろうか。次に応募してきた女性の名前もまた「マユミ」だったのである。

マスターはその女性を雇った。諦めによるものか、周囲に気にしていないことをアピールしたかったのか。しかしバイト初日で常連たちから「ちょっとこれはマズいでしょう」と散々にクレームがつき、その女性も辞めさせることとなった。雇われてすぐに解雇された女性は、まったく訳がわからなかっただろう。

そこから人づてに「マユミ」ではない女性を探し出し、なんとかスタッフを確保したものの、今度は店内で怪事が相次ぐ。

「ここらへんの話は、その新しいバイトの女の子から詳しく聞いたんですけど」

当該のバーでは、まずバイトが一人でオープン作業をし、遅れて到着したマスターが最後まで残ってクローズ作業をする、というシステムになっていた。

しかしバイトの子が開店前の店内に入ると、数本並んだＬＥＤのローソクが、いつも必ず点灯している。マスターは「絶対に閉店時に消している」と主張するのだが、それらの全てのローソクが毎日、スイッチをオンにされているのだ。

またオープン作業時には、バイトが前日に飲み残したグラスを洗うこととなっている。

しかし、これもやはり毎日のように、グラスが割れてしまうのである。しかも、ひどくおかしな割れ方で。

いくら注意して丁寧に洗っていても、「ピギ」という音をたてて、王冠のようなギザギザのひびが横に走る。ひびはキレイに一周するので、ギザギザの割れ口をもって、グラスが上下に分かれてしまう。

いったいどんな力が加われば、そのような破損の仕方となるのか。バイトの子は自分の不注意でないと示すため、マスターに王冠型に割れたグラスを見せ続けていたのだが、それも数回で止めることにした。

理由は、「その割れたグラスを見せちゃうと、マスターの心が病んでしまうから」だそうだ。ついにはグラスが割れるたび、自分でそれを粉々に破壊してゴミ箱に捨てて、マスターの目につかないよう気をつけねばならなくなった。

そして開店し、客が入ってきても異変は続く。

小さな写真立てに飾ってあるマユミの写真が、パタリと前に倒れる。何度直しても、パタパタパタパタ、ものすごい頻度でひとりでに倒れていく。

客がトイレに入ると、その個室だけ電気が消える。原因は不明だが、勝手に消灯されるのは、なぜかきまって女性客が入った時だけだった。

また、店のアイポッドには常連客たちの好きな歌を大量に入れており、それをシャッフル再生してランダムに店内に流す仕組みとなっていたのだが。

シャッフル再生にもかかわらず、必ず一曲目はドリカムの『やさしいキスをして』が流れてしまうようになった。

履歴による偏りは生じるのかもしれないが、一曲目が百パーセント同じというのはありえない。履歴を消去しても、いつシャッフル再生を開始しようとも、絶対に始まるのは『やさしいキスをして』から。

それはマユミが一番好きな曲、彼女のためにアイポッドに入れた曲だった。


そんなことが、数ヶ月にもわたって続いた。

これら数々の怪事は、周囲の人間たちの耳にも入るようになり、事情に詳しいトオルさんも、様々な人から質問を受けるようになった。

死んだ友人についての怪談を催促されたら怒る人間もいるだろう。しかしトオルさんはその真逆だった。

「思いっきりべらべら喋ってやってましたね。僕らにとって、マユミが化けて出るなんてぜんぜん怖くなかったんですよ。むしろ僕なんかは、『もっと凄いこと起こしてみろや!』

なんて思ってましたから。『お前芸人やろ！　電気消すくらいが限界かよ！　そのバーのビルくらい潰してみろや！』……って。まあ、自殺されてしまったことに、僕自身ものすごく苛立ってた、というのもありましたね」

とはいえトオルさんも他の人々も、おそらくマスターですらも心のどこかで、数々の怪現象は「ただ偶然が重なっているだけだろう」と感じていた。ただの偶然を怪談ばなしに紐づけて、仲間うちで語り合っているだけなのだ、と。

なぜなら、マユミはもう死んだから。

死んだ人間は帰ってこられない。マユミがこちらに帰ってくるなど、ありえないことだからだ。

そうして五ヶ月が経った。

その日、マスターとバイトの子は店の大掃除を行っていた。

棚と後ろの壁を清掃するためには、おしぼりを温めるタオルウォーマーが邪魔だった。

機械と棚とのサイズはピッタリ合っているので、いったん外に出さなければ後ろ側を掃除できない。ずり出すようにそれを棚から外したところ。

バイトの子いわく「マスターが、本当にその場でひっくり返って尻もちついて」驚き、怯えだしたのだという。

タオルウォーマーを除けてあらわになった壁。

そこにあったのは、手描きの大きな五芒星《ごぼうせい》だった。

油性マジックを何重にも重ねたのだろうか、五つの太い線で描かれた、真っ黒い星。

その横には、これも黒いマジックにて、次の言葉が残されていた。


「いつでも帰ってこれますから」


あれが出入り口だったんだ。マユミは本当に帰ってきていたんだ。

皆、そのように納得してしまった。

マスターはすぐに霊能者を呼んでお祓いしてもらい、五芒星と文字をベンジンで拭き取り、ガムテープで覆い隠した。

するとそのとたん、あれほど続いた数々の怪現象が、突如として全て収まってしまったのである。

それはまた、五芒星に託したマユミの願いが実現していた、ということの逆証明にもなっているではないか。少なくともトオルさんや友人たちは、そのように感じ取った。

あれが出入り口だったんだ。マユミは本当に帰ってきていたんだ、と。

「いや、でもですね」

トオルさんは充血した目を細め、少しだけ語気を強めた。

「それまで、マユミは店をクビになったショックで衝動的に死んじゃったと思ってたんですよ。あいつ、いっつも酒と睡眠薬を多用してましたしね」

しかし、バーの壁に隠すようにして五芒星を描き、遺言めいた言葉を残していたのなら話は別だ。ずっと前から冷静に周到に準備し、計画的な自死を行ったということになる。

「それがちょっと許せないんですよね。病気のお母さん残して、一人で死んでるんですよ。僕ら仲間も話を聞いてあげてたのに、なにやってんだよ、と」

当時は大勢の人たちが、死んだマユミの話を聞きたがった。

トオルさんはそんな時、敢えて大げさに、もはや笑い話になるように語っていたのだという。

「吉田さんには正確なところを話してますけど、皆にはガンガン盛ってましたね。『マユミ』の名前のバイトが七人も応募してきたとか。五芒星もマジックじゃなくて彫刻刀でガシガシ削って彫ってあったとか、血で文字が書かれていたとか」

もはや聴き手も笑ってしまうほど豪快にデフォルメして話すようにしていた。

「笑い話にしてまうのが僕のマユミへの仕返しです。お前は芸人なんだから、本来ならそうあるべきだったやろ……っていうね」

しかしマジックの五芒星が消えたとたん、おかしな現象はぱたりと止んだ。

マユミはもう、こちらへ帰ってこれなくなったのだろうか。

そして次第に、彼女の怪談を聞きたがる人の数も減っていった。


これがマユミの話だ。

少し前、歌舞伎町やゴールデン街にて多くの人々が聞き、語りあった怪談ばなしだ。

十年近く経った今、この話が語られる機会はほとんどなくなった。

しかしそれが今、また私へと語り伝えられ、私によってあなたたちに語られることとなった、これがマユミの話である。

リナの歌舞伎町生活　ラブホテル

リナさんは栃木県出身。母親と祖母に育てられ、現在は東京の大学に通っているため一人暮らしだ。

そんな彼女は現在、ほぼ毎日のように歌舞伎町に入りびたっている。

二年前からホストクラブにはまり、指名ホストを推すためにお金が必要で、そのために風俗とパパ活とを掛け持ちしていて、だからこの街のラブホテルはあらかた巡っているのだという。

「歌舞伎町のラブホは、けっこうあちこちヤバいですね」

もちろんここでの「ヤバい」とは、怪談めいた意味、奇妙な体験をしてしまうという意味だ。

歌舞伎町で活動するようになったリナさんは、そうしたホテルに気をつけるよう心がけているらしい。

「栃木に帰った時も、お母さんと一緒にパワーストーンを買っておいたんですよ」

水晶、ラピスラズリ、ブラックタイガーを混ぜた、魔除けに特化したブレスレットを装備したのである。

「こういう仕事してるから、悪いものを除《よ》けようと思って。まあ母にはなにやってるか内緒なんですけど、そこらへんはごまかしながら」

ところが、そのパワーストーンを身につけるようになってから、逆におかしなことが頻発するようになった。

「祖母も母もかなりの霊感持ちですけど、自分だけは例外だとずっと思っていたのに……」

発端は、次のような出来事だった。リナさんがまだホスト遊びやパパ活を開始して間もなく、歌舞伎町のラブホテルにも詳しくなかった頃。

その夜は、指名ホストとアフターにて逢い引きする約束をしていた。

まず喫茶店かバーなどで待ち合わせればいいものを、そのホストはリナさんだけがラブホテルで待機するよう指示してきた。

「深夜一時だからってのと、そのホストも若くてお金無かったから。節約したかったんでしょうね」

しかし指示されたホテルの前に着いたところで、リナさんは立ち往生してしまう。やけに古く、外壁もくすんでいる、汚らしいホテルだった。それはまだ我慢できるとしても、なぜこんなにも暗く、湿った空気が漂っているのだろうか。

こんなホテルに入るのは気が進まない。少なくとも、自分一人でこの中で一時間以上も過ごすなんて無理だ。

しかしホストに電話をかけ、その旨を伝えても、冷たい返事をされるばかり。

「いや、いいから入って。あと仕事中に電話かけてくんな」

道路で一時間も待っていたリナさんだったが、そのうち眠くなってきたので、仕方なくホテル内に入ることにした。

そしてエレベーターから目的の階へと一歩足を踏み入れた瞬間。ものすごい冷気が体を包み、鳥肌が止まらなくなった。

……嘘でしょなにこの寒さ。いま六月なのに？

エアコンではない。非常階段の大きなドアが開け放たれているので、外気温とさほど変わらないはずだ。

とにかく耐えられないほどの寒さだったので、急いで部屋に入りシャワーを浴びようとした。

浴室にてシャワーの熱湯を頭からかけていると、部屋の方から、なにかが弾ける音が響いてきた。

ぱん！　ぱん！

なにかと思っているうち、音は激しさを増していく。さらにバスルームの戸に向かって小さなものがぶつかる気配までする。

ぱん！　ぱん！　ぱぁん！

小石のようなものが、こちらに向かって弾け飛んできているように聞こえたという。

ようやく静かになったので、リナさんが恐る恐る風呂の戸を開けてみると。

ベッド脇の棚に置いたパワーストーン。その珠が全て、爆発するように弾け散っていた。

幾つかの珠はバスルームまで飛んできたのだから、ただ紐がちぎれたというだけの事態ではない。

これは、やばい。音がするだけならいい。けど、これはダメだ。とにかく、この部屋にこのまま残ってちゃダメだ。

髪も乾かさずゴムで縛るだけにして、バッグを掴んで部屋を逃げ出した。廊下に出ると、またものすごい冷気に襲われる。

それでもホストを待たなくてはならないリナさんは、非常階段の踊り場に身を置くことにした。

梅雨どきの、深夜の歌舞伎町である。外の空気はお世辞にも清々しいものではなく、油と水が混じったような粘度で肌をベタつかせる。それでもホテル内の空気より、はるかにマシに思えた。

一度だけホストのケータイに連絡してみたが、繋がらなかった。これ以上かければまた怒り出すので、止めておくしかない。

ふと気を緩めると、非常口に近い先ほどの部屋から「ぱん！　ぱちん！」という音がかすかに聞こえてくる。

カナル型のイヤホンを耳にねじこみ、ノイズキャンセリングをＯＮにする。YouTubeを大音量で流して、音を無視する作戦だ。しかしそのイヤホンごしに、今度はまた別の物音が聞こえてきた。

コツ……コツ……コツ……

一つ上の踊り場から、こちらへと階段を歩くような足音。

とっさにイヤホンを外すと、足音は消えた。しかしそうなると、通路の方から珠の弾ける音が聞こえてくる。

またイヤホンを付けると、非常階段を踏む足音がする。とはいえいくら経っても、その音の主はこちらへやってこない。

階段を上っているのか下りているのか、とにかく一定の距離を保って足音が響いているのだ。

そんな現象が、朝日が昇るまで続いた。

それから一時間ほど待ったが、ついにホストは来なかった。

部屋に散らばったパワーストーンを回収し、憔悴しきったリナさんは一人ぼっちで帰宅した。

母親には、また具体的な情況を伏せつつ、外出先でブレスレットが破損したことだけを伝えた。

「それ、石が身代わりになってくれたってことよ！　石自体が粉々になってないなら、浄化してから組み直せば大丈夫だから」

後日、そのアドバイスどおりにブレスレットを戻したのはいいのだが、腹が立つのはホストの方だ。待ちぼうけを食らい、酷い目に遭い、ホテル代まで払わされて大損である。

もうそのホストとの縁は切ろうと決心し、最後の連絡をつけた。

「今後、あんたのお店行くつもりないけど、なんで来なかったの？　そっちが指名したホテルじゃん」

すると相手は意外そうな声を上げた。

「いや、お前が来るなって言ってきたじゃんか」

彼の言い分では、閉店後の会議中に非通知着信がかかってきた。またかと思ったものの、いちおう出てみると、リナさんの声が響いてきた。

「もう来なくていい。ホテル、もう来なくていいから」

こちらの言い分もきかず、それだけ伝えて通話が切れたのだという。

「嘘ついてんだろ……と思ったけど、嘘にしてはやけに気味悪い発想ですよね。そんなこと言うタイプでもないので、変だなとは感じてたんですけど」

その後、リナさんは早々に次の指名ホストへと乗り換えた。

「前のとは、なんで別れたの？」

相手からそう質問されたので、先の経緯を説明すると。

「うえ、あんなところ使ったのかよ！」

ホスト界隈では、そこは「ヤバい」ホテルとしてあまりに有名なところらしい。

相手はその場で、スマホにて『ホスラブ』という掲示板サイトをたちあげ、「歌舞伎町心霊」と検索した。その検索結果の画面を見せつけられると、確かに同ホテルにて「窓に色々飛んできた」だの「ずっと足音がしていた」だのという書き込みが点在していた。

どうもそのホテル、およびそこと隣接するまた別の二つのホテルには、注意しなくてはいけないのだという。

「それを皆は、〇〇〇〇〇〇〇って呼んでるらしいです」

リナさんは私に、三つのホテル名を繋げたホストたちの隠語を教えてくれた。

さすがに営業中のホテルを名指しする訳にはいかないので、ここでは匿名にしておく。

ただ語呂やリズムとしては「会計資料」のような響きだった、とだけは伝えておこう。

リナの歌舞伎町生活　パパの影

先述の出来事を境に、リナさんの怪談的な意味での「歌舞伎町生活」が始まった。

「さっきあげた三つのラブホだけじゃなくて、もうだいたいのホテルで変な目に遭うようになっちゃいましたね」

そんな折、Ｔｗｉｔｔｅｒに無料で見てもらえる占い師がいるのを発見。ものは試しと相談してみたところ。

「左腕の上の方と、右側の背中と腹のあいだに黒い印が見える。それが霊的なものを吸い寄せてしまう」

吸い寄せること自体はもう仕方ないので、なるべく霊的なものを見ないようにこころがけた方がいい。見ることを重ねているうち、それが訓練になってしまい、どんどん鮮明に見えるようになってしまうから……などとアドバイスされた。

正直、かなり驚いた。

昔から母と祖母からさんざん言われていたことと、よく似た内容の指摘だったからだ。

まず占い師が指し示した体の箇所は、子どもの頃いつも祖母がマッサージしてくれていたところだった。

幼い頃、リナさんは喘息など多くの体の不調を抱えていた。祖母によれば、それは彼女の娘、つまりリナさんの母親のせいなのだという。

「お母さんはこの家に、余計なホトケさんを呼んでしまう」

リナさんの不調も、そのホトケさんたちのせいなのだ、と。そして喘息で悩まされた時はいつも、左の二の腕、右の脇腹から背中にかけてを揉んでくれていた。まるでなにか悪いものを追い出すかのように。

そして二番目のアドバイスもまた、子どもの頃から母親にさんざん言われていたセリフを思い出させた。

「あの世の幽霊とかそういうものって、ラジオの波長をどんどん合わせていく感じで、見える方見える方に注目していくと、どんどん鮮明に見えてくるようになる。だからなるべく見ないようにした方がいい」

リナさんは、そんな母と祖母に育てられた。父親は、彼女が生まれてすぐに母と離婚している。女三人での田舎暮らしに、ホトケだの幽霊だのは、いつも身近な話題としてあった。

しかしそれまで皆無だった自分自身の霊感が、まさか歌舞伎町にて開花することになるとは、夢にも思わなかったのだが。

「J」というホテルは、リナさんのお気に入りだった。

「嫌な目にあうラブホはフロントに入った瞬間からなんか暗くて、空気も悪いんです。でもJは雰囲気も居心地もいいから、いちばん使うようにしてます。私にとっての聖地。歌舞伎町の救い」

その日のパパ活も、Jを指定して待ち合わせることにした。夕方十八時ごろ、501号室に入る。一回目の事が済み、ベッドでうとうとしているうち、ふわりと抱きつかれる感触で目が覚めた。

背中の方からパパがしがみついてきたのか、と思ったのだが。

ぎゅいいっ、とすぐ脇でソファのきしむ音がした。目を上げると、真っ黒い人影が座っている。顔も服装も不鮮明な、ヒトガタというだけしかわからない、ただひたすら黒いシルエットだった。

――え⁉　なんだあいつ⁉

慌ててベッドから身を起そうとしたのだが、体が動かない。後ろから抱きつかれているからではない。意識はハッキリしているのに、手足の先、指一本すらピクリとも動かせないのだ。

ヤバい、なんだこれ。

なんとか動こうと四苦八苦しているうち、黒い影が、ソファからおもむろに立ち上がった。

こっちに来る……かと緊張したが、影はそのままサイドテーブルの方へと歩いていった。

そこでなにかを手にしたようで、またソファへと戻ってきて腰かけなおす。

首をもたげるようにして座った影は、細々とした動作を繰り返しているように見える。

シュボッ、というライターの音がした。

いつのまにか、影の口のあたりにはタバコがくわえられていた。それに火をつけ、スパスパと吸いはじめたのである。

え？　霊ってこんなに人間ぽいの？

そう混乱しているうち、ぷうん、と紫煙がこちらへ届いてくる。

——あ、これって。

つい先ほどまで嗅いでいたばかりだから、確実にわかる。

セブンスターの匂い。パパの吸ってるタバコじゃん。

そう気づいたところで、これまで真っ黒でしかなかった影の表面が、モザイク除去されるように形をとっていった。

ソファに座っているのは、一緒にホテルに入ってきたパパだ。くわえタバコで、スマホに目を落とし、パズドラに夢中になっている。

なんだ、オバケじゃなくてパパじゃん！

しかしそう思った次の瞬間、より強い寒気が背中を走った。

……ってことは、じゃあ、私の後ろで抱き着いているのは、誰？

その思考を気取られたのか、ぐい、と抱きしめる力が強まった。

逃げなくてはと必死になるが、体のどの部位も脳の命令に従ってくれない。

うわあああ、なむあみだぶつ、なむあみだぶつなむあみだぶつ……

喉も口も動かないので、ひたすら心の中で念仏をとなえる。

すると背中からの締め付けが一瞬ゆるんだ。

あれ、念仏効いてる？　なむあみだぶつなむあみだぶつなむあみだぶつ……

しかしその手足はこちらを解放することなく、手足を曲げ、体勢を移動させてきた。

ぎいい……ベッドがきしむ。視界の外ではあるが、重みと感触によって、背中のものがなにをしようとしているか察せられる。

それは両肘をついて、上体をこちら側にもってこようとしている。つまり自分の顔を覗きこもうとしている。

この体勢で覗かれたら、互いの鼻と鼻が触れ合うほどの近さになってしまうだろう。

ヤバいヤバい！　なむあみだぶつ！　なむあみだぶつ！　なむあみだぶつ！

もはや瞼も動かせず、目を閉じることすらできない。

ぎぎぎぎい……ベッドが背中側に大きくきしんでいく。

すぐ目の前に、男の顔が現れて。

――なむあみだぶつ！　なむあみだぶつ！

「……ねえ、大丈夫？」

パパの心配げな表情が、そこにあった。

「うわ！」

やっと声が出た。体の自由も戻っていた。すぐに振り向いたが、ベッドの後ろには誰もいない。

「……いや、ごめん、いま怖い夢見ててさあ」

とっさに言い訳をしたのだが、パパはきょとんとした顔で。

「夢？　でもリナ、ずっと起きてたじゃん。しっかり目を開けて、ずっと必死に『なむあみだぶつなむあみだぶつ』って唱えてたでしょ」

夢では、なかったのか。

自分はちゃんと起きていて、心の中ではなく声にだして念仏を唱えていたのか。

「……脂汗かいたから、シャワー浴びるわ」

不審げなパパを無視して、リナさんはベッドから飛び降りた。そしてガウンを脱ぎつつシャワー室に入ったところで。

二か所の皮膚が、赤々と鬱血したアザになっているのを発見した。

左の二の腕と、右の脇腹だった。

「さっき、強く掴まれていたところでした。アザはちょうど男の掌くらいの大きさで……」


後日、リナさんは東京に遊びに来た母親に、上記の体験について相談してみた（もちろんパパ活の部分は伏せて）。これまでさんざん幽霊の類を見てきたという母親は、この手の話題に慣れている。

「それダメだよ。南無阿弥陀仏は私も試したけどダメだった」

母親は事もなげに言い放った。そしてどこから仕入れた知識なのか、次のようなアドバイスを突きつけてきたのである。

「実際にはね、南無妙法蓮華経の方がいいらしいよ」

リナの歌舞伎町生活　ママの元カレ

そんな母のアドバイスはともかくとして。

先ほどの話に出てきた体のアザ、そしてタバコの匂いについて、私はひどく興味をひかれてしまった。彼女自身のまた別のエピソードと、なにかしら関連があるのではないかと思ったからだ。

リナさんとの取材中、いつしか彼女の上京前、栃木での実家暮らしに話題が流れていった。東京でひとり暮らしを始めて、ホストクラブやパパ活のために歌舞伎町に入りびたるようになる前のことである。

「私の実家、お母さんの元カレの生き霊がいるんですよ」

リナさんが生まれる前に付き合っていた、古くからの恋人だった。しかし母は別の男性――リナさんの父親――と再婚することになり、当然そのタイミングで関係はいっさい切られたのだが。

「それでも家に、私たち家族の周りに、その人の生き霊がよく現れるんですって」

母親いわく、生き霊には匂いがあるのだという。

その男と別れた後も、ふいに特定の匂いがふわっと漂う時がある。マルボロメンソールのタバコと、バーバリーの香水とが重なったような匂い。もちろんそばには誰もいない。しかしその二つは元カレがいつも身にまとっていた匂いであり、つまり彼の生き霊が出てきた合図なのだ、と母は解釈している。

「その人、めちゃくちゃメンヘラだったので、お母さんが別れ話を切り出したら自殺未遂したらしいですよ。別れ際は白髪だらけになって、顔もガリガリにやつれてて。でもその後もずっと、母に執着してたらしいです」

ただしその男は、母親を恨んでいるのではなく、リナさんの方を強く憎んでいるのだという。それはなぜか、と尋ねてみたところ。

「私さえ生まれなければ、まだ母とやり直せると考えてたみたいなんですよね。私が生まれてすぐ、実父と離婚していたこともバレていたみたいですし。こいつさえいなくればまた復縁できる……と思って、生き霊のターゲットが母から私に変わったみたいです」

例えばこんなことがあった。

リナさんが三歳の時である。遊びに出かけた公園で、母親がママ友数名と歓談していたところ。

突然、昼間の公園にそぐわない、濃密な夜の匂いが漂ってきた。マルボロメンソールとバーバリーが混じった、あの臭気である。

母の体は一気に硬直した。会話を止め、周囲を見渡してみる。

すると、さっきまでそばにいたはずのリナさんが消えている。まだヨチヨチ歩きしかできないはずなのに、見通しのよい公園のどこにも姿がない。

まずい、どこにいった、と髪を振り乱しながら探していると。

ピピピピピピピピピ
アラームのような甲高い音が、遠くで響いた。

とっさにそちらを向くと、ものすごい勢いで駆けていく娘が見えた。

その時のリナさんは、地面に接するたびピコ、ピコと音の鳴る靴をはいていた。それがピピピピピという連続音で聞こえるほど、激しく足を動かし、一目散にダッシュしている。

まっすぐ公園の出口を目指し、まさに交通量の多い車道へ飛び出さんとしている。

間一髪、車道に出る直前、母は幼い娘の腕をつかむことができた。

それからというもの、母親はリナさんの身の安全について非常に神経質になったのだという。

「子どもの頃は過保護でウザいと思ってましたけど。大きくなってから一連のことを聞かされて、そういう事情があったのか、と」

しかし現在、リナさんは実家を出て東京でひとり暮らしをしている。

「実家にいた時は私が守ってあげられたけど、離れた今では、もうなにか憑いちゃってるのかもしれない」などという、普通の親がしないような心配を、母は案じているのだ。

確かに、このところのリナさんの周りは奇妙な出来事が多すぎる。

そしてまた、その原因にも思い当たる節が多すぎる。

おばあちゃんはこれまで、毎朝仏壇にむかってお経をあげていた。しかしちょうどリナさんがパワーストーンを買った頃、歌舞伎町での奇妙な体験が頻発しはじめたあたりで、パーキンソン病を発症してしまった。祖母の体はすっかり動かしにくくなり、今では日課のお経も唱えられなくなってしまっている。

そしてもちろん、左の二の腕や右の脇腹へのマッサージも、もうずいぶん長いこととしてもらっていない。だから、占い師がそこに黒い印を見たのだろうか。だから、Jホテルのベッドの上で、なにものかがそこを強く握ってきたのだろうか。

でも、それはいったい誰？

母親の監視から離れたリナさんを、誰がつけ狙っているのか。

Jホテルの時、パパのマイルドセブンの煙がただよっていたから、気づかなかっただけかもしれない。

もしかしたらあの時、マルボロメンソールとバーバリーの匂いもまた、背中の方からただよっていたのかもしれないのだ。

リナの歌舞伎町生活　ホストビル

リナさんによれば、歌舞伎町の「ヤバいところ」はラブホテル以外にも点々とあるのだという。

まずなんといっても、あの有名なホストビル「T」。

その屋上から、たびたび女の子たちが飛び降りていたことで有名なビルだ。もちろんその原因の多くは、恋愛沙汰のもつれ、売り掛け金が払えないなどホスト関係のトラブルである。

リナさんの本命ホストは別店舗の所属なのだが、たまにTビルの店へと浮気し、夜遊びすることもあるのだという。

その夜も、Tビルのクラブでひとしきり飲んでいたのだが、閉店間際、おかしな方向で話が盛り上がった。

「深夜テンションでしょうね。観光気分で、屋上を見学してみようぜってことになっちゃって」

ホストとともに店外へと繰り出していった。

そういえば、その夜に限っていつも身に着けていたパワーストーンのブレスレットを家に忘れてきていたのを覚えている。

「俺を指名してくれてた女の子から、前に聞いたんだけどさあ」

ビルの廊下に出て、エレベーター前に佇む。そこで何事かを思い出したのか、ホストが自身の体験談を語りはじめた。

「ほら、そこの、今はもう封鎖されちゃってる非常階段あるでしょ」

ホストは通路奥、非常階段への扉を指さした。二〇一八年、歌舞伎町の幾つかのビルにて飛び降り自殺が多発したため、このビルの非常階段も封鎖されてしまった。

「まだその階段が使えた時、女の子がそこ使って移動してたんだって。で、踊り場を曲がったところで顔を上げたら、段々の上に女がいた。立ってるんじゃなくて、上の踊り場から三段くらいに渡って、仰向けになって寝そべってる。えっ！　と思ったら、女がガクンッて頭を下に倒して、こっちと目が合っちゃったんだ」

するとと女は、仰向けの姿勢のまま、すばやく階段をこちらへ下りてきたのだという。

「エクソシストみたいな動きってこと？」

「いや、手足は使ってない。蛇みたいに背中で這ってきて。逆さの頭でずっとこっちを見つめながら、ずるずるずるーっ」

「やばいじゃん」

「その女の子、うわーっ！　て悲鳴上げて俺の店まで逃げてきてさ。ばあーって今話したことを俺にまくしたてて説明してさ。そのままぶちキレて帰って、もう俺のこと指名してくれなくなっちゃった」

「なにそれ」

「え？」

「最後のオチが繋がってないよ。なんであんたにぶちキレるのよ」

「あー……うん、そうね……」

中途半端なところで、ホストは黙りこくってしまった。しかしリナさんも、それ以上は追求しなかった。

たぶんその女の子は、逆さ頭の女に見覚えがあったのだろう。そしてこのホストもまた、なぜその女が逆さ頭になって非常階段に化けて出たのか、心当たりがあるのだろう。

……まあ、別にどうでもいいんだけど。

「上の階も行ってみようよ」

「このエレベーター、左側に乗っちゃうとヤバいらしいぜ」

そう言いながらホストが呼び出しボタンを押したとたん、左側の扉が開いた。

が鳴った。

「こっち来ちゃったよ」などと笑いつつ乗り込もうとしたところで、リナさんのケータイ

表示を見ると、本命ホストからである。他のホストといるこのタイミングで、これはあまりよろしくない。

うわあ、面倒くさいなあ……。

そう思っているうちにエレベーターの扉が閉まり、上昇を始めた。そのせいで電波が切れたため、意図せずしてすぐさま着信拒否したようなかたちとなってしまった。これではさらに面倒くさくなることが予想される。

仕方ない、ＬＩＮＥは打っておくか……。

「今、友だちとカラオケ中」といった文面を返したのだが、相手からはわずか一秒で「電話でてよ」との返信が届く。

……こいつ、こういうところあるんだよなあ……

本命ホストは、時折こうしてリナさんの動向を探るため、しつこく連絡をとろうとする癖のある男だった。純粋な恋愛や嫉妬からではない。自分の指名を外さないため、他のホストに浮気していないか確認するために必死なのだろう。

まあ、そんな時も電話さえすればすぐに引っ込む。そしてグッドタイミングというか、

今は店外に出ているので、ホストクラブにいる空気は伝わらないはずだ。

「ごめーん」

エレベーターを下りたところで、こちらのホストには事実を伝えておく。

「ちょっと今、指名してるホストに電話しなきゃだから、外行ってくるね」

さすがに会話は聞かれたくないので、非常口を開けて外に出ようとした。とはいえドアのすぐ先は、立入禁止のためのピンクの紐が一直線に張られている。先述したように、屋上への階段を上らせないように設置したロープである。

リナさんはロープと接するような位置で立ち止まり、頭とケータイをのけぞらせて階段側に出すかたちで通話した。

「なにしてんだよ、すぐ電話出ろよ」

「もうなに？　友だちと遊んでるんだけど」

「お前……」

と、本命がいきなり絶句した。なにごとかと思ったところで。

「ホスト行ってんだろ！」

怒り狂った声が轟く。ギクリとしたものの、リナさんもそこは手慣れたものだ。

「はあ？　行ってないよ」

「嘘つくな！」

「だって今、二時過ぎだから店やってないじゃん」

「いや、でも……じゃあ横の男、誰だよ⁉」

「おとこ……え？」

「お前のすぐ脇で、ずっと男の声してんじゃねえか！」

「ちょ、え、なんのこと？」

「電話に向かってぐちぐち言ってるだろ！」


今すぐ電話きれ、きれ、電話きれ、きれ、きれ……


「きれきれきれ、ってそこでつぶやいてる男のことだよ！」

とっさに横の非常階段を見上げた。むき出しのコンクリートの薄汚い段々が、屋上へと繋がっている。蛍光灯で照らされているのに、あちこちに落ちる影がひどく薄暗い。

「……気持ち悪いから、本当に切るね」

後日、リナさんは例のホストビルにいたことを、本命ホストに正直に告白してみた。

たいそう怒られるだろうと身構えたが、相手はすうっと目線を落として、

「あそこには……もう行くな」

ひどく怯えたような声でそう言うと、すぐまた別の話へと切り替えたのだという。

リナの歌舞伎町生活　吸い込み口

「でも、そのTビルの非常階段はまだマシですよ。屋上まで行かなければ飛び降りられないですから。本当に怖いのは、外と繋がっている階段です……」

某カラオケ店のビル。

正確に言えば、ビル外に設置された非常階段。

そこは歌舞伎町の数多くの「ヤバいところ」を経験しているリナさんでも、二度と立ち入らないよう気をつけている場所なのだという。

「そもそもそこの店員さんたち、いつ行っても絶対ガリガリに痩せてて、すごく体調悪そうなんですよねえ。特にほら、あのいつもいる、昔のホストみたいな髪型してる人。伝わる人には伝わると思いますけど」

あんなビルで毎日働いてるからじゃないかなあ、とリナさんは漏らす。

そこは有名なカラオケチェーンの一店舗だ。またそこの非常階段は屋外喫煙所も兼ねている。そのため特に避難時でなくとも、喫煙者であれば利用している人は多いだろう。

一年ほど前、東京に遊びに来た母親を、件のカラオケビルへと連れていった。

部屋は最上階の九階を案内された。ひとしきり歌唱を楽しんだ後、母親から「喫煙所どこ？」と訊ねられたので、上記の旨を伝える。

「通路の奥の非常口のドアを開けて、階段に出たところの……」

指示通りに部屋を出ていった母親だが、しばらく経ってもいっこうに戻る様子がない。どうしたのかと思っているうち、戸が開いて母が戻ってきたのだが。

その様子を見て、驚いた。顔は一目でわかるほど青ざめてしまっており、額に冷や汗をにじませながら、しきりに首を左右にひねっている。

「……頭痛いの？　ロキソニンあるけど飲む？」

しかし母親は、もう必要最低限の言葉しか絞り出せなくなっていたようだ。

「……家、帰ろう」

新宿区内にあるリナさんの部屋に着いた時には、母親の体調はすっかり戻っていた。

「あんた、怖がりだからさっきのビルにいる時は言わなかったけど」

リナさんに向かって、こう警告してきたのである。

「あんたはあそこに、もう行かない方がいいよ」

とはいえ、母のこういった言動は今に始まったものではない。

まあ、いつものアレか……

リナさんも特に気にせず、いつしかその警告を脳内から消し去ってしまっていた。

それから一ヶ月ほどした頃だろうか。

リナさんはまた例のカラオケビルに出向いた。そこで一人カラオケに興じていると、母から電話がかかってきたのである。

「もしもし？　あんたの社会保険についてなんだけどさあ」

どうやら大事な用事らしい。そう判断したリナさんは、きちんと話をするため通路へと出ていった。

「ちょ……あんた今どこにいるの？」

「あ～ごめん、まだ音うるさいかな？」

早足で非常口から外階段に出る。三階フロアなので地上の喧騒は聞こえるが、それでも建物内よりずいぶん静かなはずである。

「もしもし？　ねえ、どんどんうるさくなってるんだけど？　あんた今どこ？」

しかし母親の反応は、まったく真逆のものだった。

なにこれ、おかしいなあ……。

そんなリナさんの不審感は、母親の次の言葉で、とたんに恐怖にすり替わった。

「その人たち、なに？　……あんた、今、誰といるの？」

ホストビルTでの一件を思い出し、リナさんはとっさに電話を切った。そして室内の荷物をひったくり、急いで会計を済ませてビルから飛び出した。

歌舞伎町の雑踏にて人心地がついたところで、改めて母親にかけなおしたところ。

「さっきの人たち、なんなのよ？」

母によれば、リナさんだけでなく色々な声が、こちらにしゃべりかけてきたのだという。

うんうん、ええ、うんうんそう、えええええ、ねえそう、うんうんうん……

それは相槌を打つようでも同意を求めるようでもある、男女入り混じった、幾人もの声だったという。

しかもどの声も、通話口のすぐそばで話している印象だった。狭い空間にて、リナさんを取り囲んで大勢が密集しているのかと思ったそうなのだ。

「だからうるさいことよりも、あんたが変な人たちに絡まれてるんじゃないかって怖くなってさ……」

母親はそこで一拍、息を整えたようだった。

「あんた、前のカラオケと同じとこにいたんでしょう」

さすがにリナさんが正直に頷くと。

「しかも非常階段にいたでしょ。あそこはダメよ。私、あそこでタバコ吸ってたら、いきなり下からひっぱられたんだから。といっても、下から手が出てきたとか、そういうことじゃなくて」

ひたすら、下に飛び降りたくなった。とにかく今すぐ手すりを乗り越えて、空中にダイブし、そのまま落下したくなった。

飛び降り防止ネットがなければ、おそらく反射的に身を投げていただろう。

「ダメだ、これは危なすぎる。これは逃げないといけない。そう思って、急いで帰ってきたんだから。あそこは本当にマズい。絶対に行っちゃダメ、ダメだよ。ヤバいところは色々あるけど、あそこだけは他と違う、ほんっとうに全然違うから」

母親は、ひたすら念を押して説得してきた。

幼い頃からさんざん母の警告を受けてきたが、ここまでの熱の入りようは初めてだった。

リナさんはむしろ、その内容ではなく、箍《たが》が外れたような母の口調にこそ違和感を持った。

「だから吉田さん。その時、私、じゃあそこまで言うなら行って試してみなくちゃ、って思っちゃって」

そこで突然、リナさんは辻褄の合わない説明を、私に繰り出してきた。

「だから、じゃないか。逆に、か。母のグワーッていう説明で、逆に好奇心が湧いちゃったというか、ね」

たまたまその直後、友人とカラオケの約束をしていたので、例のビルを使用すると決めた。

当日は部屋に入ってすぐ「ちょっとタバコ吸ってくる」と嘘をつき、エレベーターで九階に上った。

そして非常口のドアを開けて、ゆっくりと階段部分に足を踏み入れた。

「ほら、ぼお〜っと滝を見下ろしてると、だんだん滝つぼに飛び降りたくなってくる感じ、ありますよね？　あれと同じだろう、気をつければ制御できるだろう、と思ってたんですけど」

下を覗いたところで、それはまったくの間違いだと悟った。

「ぜんっぜん、そんなんじゃなかったの。うつむいたとたん、ぶわあああと負の感情が湧きあがってきた。一瞬でスイッチが切り替わっちゃってさ。引きずりこまれるんじゃなくて、もう吸い込まれていく感じ。そうか私はここに連れてこられるべくして連れてこられたんだ。母親のあのすごい勢いの説明も、私の変な好奇心も、ここに来るため、ここに吸い込まれるためにあったんだ、っていうかもう吸い込まれてるんだって」

その時の感覚を思い出しているのだろうか。

早口でまくしたてるリナさんの声は熱を帯び、強度を増していった。傍で聞いていると、もはやなにかに取り憑かれ、唇と舌と喉を勝手に動かされているのではないか、とすら思えるほどだった。

「もう瞬間で、ここで死ぬしかないってなって。生きてる意味ってなんだろう。いや無いじゃん、生きてる意味なんて無いじゃん。ある意味、今日ここに来れたのがラッキーじゃん。すぐに意味ない命を終わらせられるじゃん。やったあー！」

と、そこでリナさんの速射砲めいた描写がストップした。

「……なんて思ってたら、ピンゴーン！　ってデカい音がしたんですよ。私、ビクっと驚いちゃって」

LINEメールの着信音だった。反射的にスマホ画面を見ると、

「まだ～？」

それだけのメッセージが、部屋に残した友だちから、届いていた。

――あ、やばい。私、今、本当に飛び降りるところだった。

すうっと我に返ったリナさんは、非常階段からビルの中へ駆け込んでいったそうだ。

「吉田さん、あの街にはとにかく、そういう吸い込み口みたいなところが幾つもあるんですよ。だから気をつけた方がいい人は、本当に気をつけた方がいいんですよ」

ともかくリナさんは、今日も元気に歌舞伎町へと通っている。

流し目

「君、霊感あるでしょ」

背中を流している客から、突然そんな指摘をされてしまった。

歌舞伎町のソープランドの一室、ミホさんが風呂場で洗体をしている最中のことである。

ミホさんはその時、客の背中の入れ墨に見惚れているところだった。着物の女性をかたどった和彫りだが、女の顔はずいぶん現代的な美しさをたたえている。

流し目で、こちらをじいっと見つめる表情。その眼差しはクールでもあり、しんと冷えた凄みをすら感じさせる。

「あ、え、ないですよ。なんでですか?」

不意を突かれたミホさんは、適当な返事しかできなかった。

「その背中の入れ墨さあ……」前を向いたまま、客が話を継ぐ。

「知り合いの彫り師に彫らせたら、なんでか知らないけど、そんな顔になっちゃったんだよ」

「いやでもキレイじゃないですか」

「うん、そうなんだけどさあ。似てるんだよねえ」

客はずっと前を向いたまま、ピクリとも動かない。

「死んだ女房に、そっくりなんだよ」

えっ、とミホさんが思わず洗体の手を止める。

「なんでだろうなあ。その彫り師は彼女に会ったことないどころか、俺の今の女房しか知らないはずなんだけどね」

「はあ……すごい偶然ですね」

それでさあ、と客は声のトーンを一段落として、

「その入れ墨の女、どこを見てる？」

奇妙な質問をしてきた。

なにを当たり前のことを、と思いつつミホさんが答える。

「こっちに、流し目してます」

そこで客が、しばらく黙り込んでしまった。

どうしたのかと思い、泡だった手で肩のあたりを軽く撫でてみた。するとなぜか、その裸体が小刻みに震えている。

寒いのか？　笑っているのか？　どうしたんだろう？

「違うんだよ」

ふいに客が言い放った。

「それ、本当は横を向いている顔なんだ」

「いやでも」

「たまにいるんだよね。お姉さんみたいに、流し目で自分を見てる、って言う女の人」

——お姉さん、ロックオンされちゃったね

客がゆっくり、こちらを振り向いてくる。

工事

タカマサさんは新宿・歌舞伎町のビルオーナーである。この街ならではの怪談をよく知っており、竹書房怪談文庫での私の前作『怪の遺恨』でも印象的な話を提供してくれている。今回の『新宿怪談』執筆にあたり、また彼にコンタクトをとってみた。タカマサさんの人間関係や、歌舞伎町以外の新宿エリアへと範囲を広くとって、前回は語らなかったエピソードを教えてもらったのだ。


「子どもの頃から知ってる地元の友人で、めちゃくちゃ気合入ってる奴がいましてね」

タカマサさんと同じ大阪出身で、幼馴染といってもよい存在だ。その男の名は、仮に「チカモト」としておこう。

「自分より三つ下ですが、まあ家庭環境にも恵まれてなくて、小さい頃からヤンチャばかりでしてね」

中学からグレて暴走族に入り、喧嘩に明け暮れてきたという。中卒で大阪の内装業者に就職したが、素行の悪さは変わらず。喧嘩したりカツアゲしたりの毎日を繰り返してきた。

当然の流れといおうか、その筋の人々と行動をともにするようになっていき、

「お前、男決めろや」

そう決断を迫られたチカモトは、

「子どもにしてください」

大阪のヤクザと盃《さかずき》をかわすこととなった。

そこから彼の暴力の日々に拍車がかかった。あちこち暴れまわった末、ついにはナイフで人を刺して六年の実刑を喰らうことになる。

「相手ぶっ刺して返り血ブシャーって浴びた時も、怖さもなんも感じひんかったなあ」

などと誇示しながら刑務所に入っていったチカモトだが、そこで生まれて初めての洗礼を浴びた。所内にて、とある有名ヤクザに手も足もでないほどバチバチにやられてしまったのだ。

　暴力のみを頼りにしてきたチカモトのプライドは、より大きな暴力によってへし折られた。ヤクザを続ける自信もすっかり消え失せたチカモトは、出所後すぐに組長のもとへ、とある決意を伝えに行った。

「すいません、辞めさせてください。やっぱり自分は内装の仕事に戻ります。ヤキでもなんでも入れてください」

しかし意外にも、組長の顔からは笑みがこぼれた。

「おお、よう決めた。まだ二十代半ば、今ならばっちりやり直せるわな」

一切のペナルティを負わさないどころか、餞別《せんべつ》として工具を入れるための腰袋を贈ってくれた。本革、オールレザーの立派な製品である。さらに昔からのチカモトの舎弟も、仕事を手伝わせるために組から足抜けさせてくれた。

「大阪でやっても金にならん。東京に行け」

チカモトは何度も何度も頭を下げ、舎弟を引き連れて上京した。彼らは飲食店舗のクロス職人としてコツコツと仕事を重ねていくうち、いつしか新宿・歌舞伎町が主な現場となっていった。

つまりここからが「新宿怪談」の始まりである。


二〇一〇年代の、とある年末のこと。

チカモトは、歌舞伎町で新規オープンするクラブ店舗にて、クロスの張替工事を請け負った。

舎弟とともに現場に入ったのが昼過ぎあたり。仕事開始としては遅くなってしまったが、工期にはあまり余裕がない。舎弟にはコーヒーとタバコを買いに行かせ、チカモトはさっさと店舗の床に養生シートを敷き、そこに工具などを広げていく。

コンコンコンコンコン……

ふと、金槌の音が響いてきた。

ず、ずずっ……ずずっ、ずずずっ……

続いて、誰かが鼻をすする音。出所はトイレの扉の向こうのようだ。

——ああ、設備屋が水道工事してるんだな。

となると、今日はここのトイレが使えるのかどうか。念のため確認しておこうと、チカモトはドアを開けて中を覗き込んだ。三つの小便器が並び、奥に一つの個室。そこで、五十歳手前ほどの、背の小さな作業着の男性が配管をいじっていた。

「今日、このトイレ使えますか？」

「おお、使えるよ。もう今日はこれで終わらせるから」

それならばと、ことのついでに小便器へ放尿を始めたチカモトだったが。

「……あれ、もう帰るんすか？　まだ昼過ぎですよ」

「だってさあ、ここ出るよ」

「は？　出るってなにが」

「出るっていったら、決まってるでしょ」

……おばけよ、お・ば・け、と男が背後でささやいた。

「だから暗くなる前に帰る」

なんだそりゃ、と思いつつズボンのチャックを閉め、チカモトは男の方を振り返る。

「いやでも昼過ぎっすよ。冬だからってまだ太陽あるしそんな急がなくてもって、おい！」

思わず言葉が詰まった。

「おっさん、大丈夫か？　めっちゃ鼻血出てんで」

男の鼻の両穴から、一直線に赤い血が垂れ流されている。

ずずっ、ずずずずっ
男はぬぐいもせずに鼻血をすすって、

「おお、大丈夫大丈夫、もう帰るから」

さっさと店を出て行ってしまった。

そこから作業を開始したチカモトたちだが、冬至の太陽はすぐに暮れていってしまう。とはいえ工期は迫っているし、先ほどの奇妙な忠告など冗談にしか受け取っていない。投光器を点け、二十時過ぎまでせっせと作業に勤しんだのだった。

帰り際、車庫に車を置いた二人はファミレスでミーティングと称する飲み会を開始した。二人とも酒好きであり、仕事終わりには毎回痛飲するのが日課となっていたのだ。

しかしその日に限って、二人とも体が重く、寒気と気だるさに襲われて飲食が進まない。

「なんだこれ……現場で風邪でも拾ってきたか」

一杯目のビールすら飲みきれない始末だ。仕方ないので今日はとにかく早く帰って眠りにつき、その分、明日の朝一から現場に行くことにしようと話し合った。


翌朝早く、二人はまだ体調の悪さを引きずって現場に着いた。

だが、そんな不調など消し飛ぶような光景が、そこに広がっていた。

「なんじゃあ、こりゃあ！」

養生シートの上に置いていた自分たちの工具が全て、誰かの手によってクロス糊付け機の台座に置かれている。しかも几帳面に一直線に並べられて。

それは別にいいとしても、問題はチカモトの腰袋である。

組長から貰った大事な腰袋が、中央部分から裂けてちぎれていた。とんでもない力で左右に引っ張られたのか、本革がだらしなく伸びきって元の形状を留めていない。いったいどのような器具を使えば、オールレザーのバッグをこんな風に出来るのかと不思議ではあるが。

当のチカモトは、そんな不審感が入る余地すらないほどに激昂した。

「誰やねん、これやったん！　ぶち殺したる！」

しばらく社会人として封じ込めていた、チカモトの本性が噴出したのだ。

「あの設備屋か！　設備屋かこら！　絶対ぶち殺す！」

「いや、まあ、兄貴、落ち着いて」

舎弟がなだめに入るも、いっさい聞く耳を持たない。こうなったチカモトには触れないのが得策だということを、長い付き合いの舎弟は把握している。

「あ、ちょっとすんません。今、母親から電話きたんで……」

嘘か本当か、携帯電話を耳に当てながら、舎弟はいそいそと外階段へ逃げていく。

それと入れ替わるようにして、昨日の水道工事の男が店内に入ってきた。

「おい！　これやったん、お前か！」

だらしなく伸びた腰袋を突き出したが、相手はキョトンとした顔で、

「はあ？　知らないよ。昨日はあんたより早く帰って、今日は今来たとこでしょ」

至極もっともな主張なのだが、その真っ当さが逆にチカモトの脳天を刺激したのだろう。

「こっちが知るかボケぇ！」

考えるより先に拳が繰り出され、男は吹っ飛ぶようにして、クラブ内に並んだソファへと倒れこんだ。

「ちょ、ちょっと待ってくださいよ！」

男は鼻血を流しながら、うろたえた声を上げる。

「ほ、ほ、他にソファの張替屋さんもいるんですよ。その人たちにも聴かないと」

「ほんまか、ごらあ！」

などと言い争っているうち、いつのまにか現場に入っていた二名の若者が「なんの騒ぎだよ！」と、チカモトの前に割って入ってきた。どうやら、彼らこそ当のソファ張替業者たちらしい。

「おう、これ壊したのお前らか？　設備屋が知らんかったらお前らしかおらんやろが！」

「ああ？　なんだこら？　イチャモンつけてんじゃねえぞ」

そちらは打って変わって勢いのある若者たちだったため、お互い一歩もひかず、顔が触れるほどのにらみ合いへと発展してしまう。

「兄貴！　抑えて！　抑えて！」

騒ぎを聞きつけた舎弟が、チカモトの背中から両脇に腕を回し、相手と引き離した。

「とにかくここは警察呼びましょう！　ね、ね！」

二名の警官が到着し、被害届を出すかどうか質問してきた。

「当たり前やろ」と答えると、免許証の提示やらなにやら各種の手続きを要請された。めちゃ面倒くさい……こんなん、設備屋もソファ屋も全員しばいて吐かせた方がてっとりばやいやん……。

警察への対応は舎弟に任せ、自分は黙りこくって作業に専念することにした。

「あ、そちらの方も免許証いいですか?」

警官に問われた張替業者が、不貞腐れた舌打ちを「チッ」と大きく響かせた。「あ〜面倒くせえ〜」と聞えよがしの声が背中ごしに届いてくる。

くそホンマぶん殴ったろか……と腰を上げかけたが、ちぎれた腰袋を見て思いとどまる。警察を巻き込んでの乱闘となれば、前科のある自分なら確実に刑務所行きだろう。

コンコンコンコンコン……

水道工事の男は我関せずと避難したようで、トイレの奥からは、昨日と同じ金槌の音が響いてくる。

もうええ、こいつら全員無視や、無視。

一心不乱に、とにかく作業に専念した。夜になり、気がつくと警察どころか他の業者も全員引き上げていた。翌日も、彼らとは顔すら合わせず仕事を続けた。そこで水道工事とソファの張替えは完了したようで、以降の現場には姿を現わさなくなった。

その頃にはもう舎弟は元気になったようだが、チカモトはずっと微熱や悪寒を引きずり、さらに腰痛にも悩まされた。それでも必死にクロスの張替えを急ぎ、年を跨いだところの工期にはなんとか間に合わせた。

ようやくひと段落ついた……と安心したのも束の間。

朝、家のトイレで用を足していたチカモトは、真っ赤に染まった自らの尿に愕然とした。慌てて病院に駆け込むと、腎盂腎炎による血尿との診断。東京女子医大への入院を余儀なくされた。

二日目あたりで新宿警察署から携帯電話に連絡が来たが、今は入院中なので舎弟の方に連絡してくれと伝えるのが精一杯だった。

翌日、その舎弟が見舞いに来た。

「兄貴、ぜんぜん連絡つかないから心配したんすよ！　警察から入院してるって聞いてビックリしましたよ」

そういえば、入院前からずっと電話もＬＩＮＥも無視していた。それどころではなかったので仕方ない、いいから警察がなんと言ってたのか伝えろと急かすと。

「あ〜、店の前の防犯カメラとか全部調べたらしいんですけど。あの日の前後は、自分たち二人、ソファ屋の二人、その四人しか映ってないんで。で、ソファ屋はうちらのいない時に店に入ってないんでシロじゃないかって」

「なんだそりゃ、設備屋は？」

「は？　なに言ってんすか」

「トイレの設備屋いたやろが！　どこいってん、こら！」

怒声を上げたチカモトに、同室の患者が「静かにしてください」と注意するが、逆に「じゃらからしぁ！　なめとんのか！」とさらなる大音量が響き渡る。

「ソファ屋はおりましたけど……え？」

「お前いいから、クライアントのシイナさんとこ行ってこい！　で、設備屋のことやら工期やら工事内容やらなにからなにまで聞いてこい！　俺が犯人殺したるわ！」

ここまでくると舎弟の方もヤクザ時代の感覚が甦ってきた。兄貴分から全部聞いてこいと言われたら、本当に全部聞いてこなければならないのは骨身に沁みている。

そして次の日にはさっそく、舎弟から報告の電話がかかってきたのだった。

「シイナさん、えらいせっかちで、もう開店準備してましたわ。で、ですね……水道の設備も聞いたけど……ここ居抜きやから水道もガスもできてる、居抜きで使うんでなんも工事してへん、て。そう言わはるんですけども……」

「は⁉　他は⁉」

「他って？　工事代金は月末に振り込むと。それ以上なんも聞くことないでしょ？　兄貴、大丈夫ですか？　もうゆっくり休んでくださいよ」

「なんやその言い草あ！　とにかく設備屋のやつをな！」

と、そこで耳元の電話がふいに取り上げられた。振り向けば、担当の看護師がこちらの携帯電話を手に、怒りの視線を向けている。

「チカモトさん！　とにかくうるさいので静かにしてくださいってクレームついてますよ！」

「いや、知らんわ。大事な用あんねんから」

「せめて電話は決められた場所で……え、あれ？」

ふいに看護師の表情が変わり、こちらを覗き込んできた。

「チカモトさん大丈夫ですか？　鼻血出てますよ」

そう言われ、とっさに右手で鼻の下をぬぐったところ、手のひらがべったりと血に染まった。

その赤い色が目に入った瞬間、チカモトの体が震え出した。

「か、か、看護婦さん、と、トイレ行ってええか？」

「え、いや、とにかく鼻血拭かないと。それにチカモトさん、まだ歩いてトイレ行けないから尿瓶でしょ」

「うん、血はトイレで拭くわ。で、で、もうトイレでションベンしたいねん。頼むわ。静かにするから、もう病室では静かにするから」

人生で初めてというほどの恐怖心が、チカモトの中で暴れた。それはまた同時に、今すぐ一人きりで自分の顔を確認しなければ、という焦りでもあった。

「まあ、じゃあ……私がついていきますからね」

看護師の補助により、点滴をつけた状態でバリアフリーの個室トイレに連れていってもらう。そして一人で中に入ったチカモトが、覚悟を決めて鏡を覗き込むと、そこにあったのは。

……俺の顔や……鼻血こびりついてるけど、ちゃんとした自分の顔やわ……

落ち着け、落ち着け。自分を鼓舞しながら、チカモトは鼻血をすすいだ。そして便座の方へ向き直り、男性器を入院着から放り出した。

……俺はチカモトや、根性入っとるねん、あんな設備屋なんかどうでもええわ……

しかし縮みあがったイチモツからは、小便がいっこうに出てこない。

くっそが……いや落ち着こ、順繰りに思い出してこ……しっかしあの腰袋はなんやねん……どうやったらあんなビローンて伸びてまうんや、ったく……そんで四人ってなんやねん、あの設備屋は、いてたやろ絶対……居抜き？　工事の必要ない？　知らんわ、あいつら適当なことばっか抜かしよってからに……

そのうち、チョロチョロと先端から尿が排出されてきた。

おおよしよし……俺はチカモトや、トイレくらい一人で行けるんや……俺はチカモトや、根性入っとるねん……あいつら全員ぶっ殺したる、俺はチカモトやぞ……

さらに尿道に力をこめようとしたところで。

コンコンコンコン

金槌を叩く音が響いた。

小便に構わず思いきり振り向く。もちろん個室内には誰の姿もない。

コンコンコンコンコン

しかし音は確実に、この個室のすぐそばで鳴り続けている。

「看護婦さん！」

入口のドアに向かって悲鳴を上げた。

「この音！　これ！　なんの音ですか⁉」

コンコンコンコンコンコンコン

ドアの向こうからのっぺりとした声が返ってくる。

「そこぉ、いまぁ、水道の工事してますぅ」

ずず、ずずずっ……

鼻をすする音が、背中のすぐ近くで鳴った。

屋上プレハブ小屋

「お前、それオレンジやろ⁉　頭が〝オレンジのやつ〟やろ⁉」

チカモトの話を聴き終わった時、タカマサさんは思わずそう叫んでしまったそうだ。

「その設備屋のおっさん、髪の毛か体か服か、どっかしらオレンジやなかったか⁉」

いきなりの詰問に、チカモトは意味がわからないといった風に首を横へ振った。

「いや、オレンジやなかったぞ。服はどこにでもある作業着で、髪の色も普通の、ただの背が小さいおっさんにしか見えんかったけど……」

「いや、それって〝オレンジのやつ〟が化けてんねん！　絶対そうやって！　あいつ、歌舞伎町で頑張ってるやつを不幸にするために、ちょっかいかけてくんねん！」

タカマサさんの「説明」はどんどん熱量を増し、もはや数年前にチカモトと交わした会話の「再現」にまでなっていた。先述の怪談が終わった後も、私に興奮ぎみの大声をぶつけてきた。

「あいつのせいで、チカモトも歌舞伎町に戻ってくるまで二年はかかりましたからね！

あんな気合入ってる奴がビビりまくってましたから！　そんなん、絶対に〝オレンジのやつ〟のせいだと思うんですよ！」

タカマサさんが怖れる〝オレンジのやつ〟とは、歌舞伎町の店舗にたびたび出没する、怪人なのか幽霊なのかなんなのか、まったく不明の不気味な存在だ。

鮮やかなオレンジ色のおかっぱ頭、白粉をべったり塗った化粧、真っ白い顔の下はこれまた真っ白い全身タイツを着ており、体はがりがりに痩せている中年男性……というのが、よく目撃される格好らしい。

開店前もしくは閉店後の店内、スタッフルームなどに現れ、後ろから肩を叩いたりして脅かしてくる。直接襲いかかってくるような凶暴性はないが、出会った後で不幸に見舞われるケースもある、とにかく不吉なもののようだ。

「まあでも、頭がオレンジなやつが本体ではないかもしれないです。だから色んな恰好に化けられるのかもしれません。とにかく歌舞伎町の中だけに出てくる、地縛霊みたいなやつなのかなあ、と僕は思ってますけど……」

タカマサさんが語る〝オレンジのやつ〟についての怪談は、竹書房怪談文庫の拙著『怪の遺恨』に収録されているので、そちらも参照してもらいたい。

「いや、自分、別になにも怖いものなんて無いんですけど、唯一怖すぎるのは〝オレンジのやつ〟だけですね」

確かにそのとおりだろう、と私も思った。

〝オレンジのやつ〟を語る時だけ、タカマサさんの流暢《りゅうちょう》な語り口が澱《よど》む。それでいて制御不能になったように口調がヒートアップしていく。額にじんわりと汗の粒が浮かび、まるで泣いているように、しきりに両目をこすったりもする。

私は、そんなタカマサさんの様子を眺めながら、この人は本当に〝オレンジのやつ〟を恐怖しているのだなあ、と感じていた。

タカマサさん自身は〝オレンジのやつ〟を目撃していないのだが、最も身近に出現してきたエピソードを、やはり『怪の遺恨』にて紹介させてもらっている。それは彼が歌舞伎町に持っているもう一つのビルの屋上にて、雇っていたスタッフが〝オレンジのやつ〟と出くわした事例だ。

「あの屋上にあるプレハブ小屋。前も話しましたけど、そこに出るんですよ。本当は管理室にしてるのに、管理会社の人たちも嫌がって近づきません」

というより、そもそも管理会社の人間は、歌舞伎町の一等地にあるそのビル自体に近づかないようにしている。そのため共有部分の蛍光灯交換など、簡単な作業はオーナーであるタカマサさんがせざるをえない状況になっているのだという。なぜ管理会社がそのビルへの出入りを嫌うのかといえば。

「なにかが出る、暗いところで肩を叩いてくる……っていうんですよね。いやそれ絶対、〝オレンジのやつ〟に決まってるだろう、と」

タカマサさんも、なるべく屋上のプレハブ小屋には近づかないようにしている。自分以外の人間がそこに入ることなど、この五年のあいだ一度も無かったのだという。

しまった、と私は思った。こんな話、聞かなければよかった。

自分の目の前で、いい歳をした大人がひどく怖がっている。それもただの大人ではない。歌舞伎町にて長年ビルオーナーを営み、この街のヤクザや警察と渡り合ってきて、事務所には極真空手五段の免状も飾っている男性が、思い出すだけで冷や汗をかくほど恐怖している。

そんな場所、私だって怖い。どうあっても、足を踏み入れたくなどない。

しかしいったん話を聞いてしまったのなら。またそれがすぐ近くのビルで、立ち入りを許可できるオーナーが今ここにいるのなら。そして私が怪談を生業にしているのなら。

そのプレハブ小屋を見せてください、と頼まなければならないではないか。

「……マジですか。行くっていうなら、行きますけど」

タカマサさんも正直なところ気は進まないようだ。しかしビルオーナーとしては定期的に確認すべきなので、せっかく同行者がいるタイミングで訪れておいた方がいい。さらにまだ明るい時間帯だったこともあり、私の申し出は許諾された。

そのビルは、歌舞伎町の中心部に位置していた。ニュース映像などで歌舞伎町の風景が流れれば、かなりの高確率で外観が映るようなポイントである。

そのような立地のため、敷地面積はそれほど大きくない。いわゆる歌舞伎町の雑居ビルを想像してもらえばいいだろう。

当然、屋上の平米数も狭い。電気室と複数の室外機、そして例のプレハブ小屋だけでスペースは全て埋まっている。

しかし歌舞伎町の街並みを斜め上から見下ろすというのは、まったく新鮮な体験だった。

「なんかやけに暗いでしょう、この小屋」

真夏の午後である。ビルの屋上なので、陽射しは遮《さえぎ》ることなく降り注いでいる。

それでもプレハブ小屋の中は、陰鬱《いんうつ》なまでに薄暗い。一歩足を踏み入れたとたん、廃墟に入ったかのように感じられたのは、埃《ほこり》や湿気のせいだろうか。

八畳ほどの、ただの横長な空間。荷物も調度品もほぼなにも置かれておらず、あとは窓が二つと、便器が外されたトイレと用具入れの扉があるのみ。

「あの窓ですね。従業員の男の子たちは、あそこから〝オレンジのやつ〟が覗いてたって言ってましたけど」

〝オレンジのやつ〟が覗いていたという窓から、外を眺めてみる。手すり部分には、かろうじて人が立てるスペースがあったが、その先はストレートに歌舞伎町の上空だし、左右は壁に阻まれている。どのようにしても人が進入できる場所ではない。

「吉田さんはなにか感じません？　本当にここ、誰も入りたがらなくて……」

と、そこで突然。

チャリーーーン

軽く高らかな音が、我々の背後で響いた。

思わず振り返れば、今いる窓のちょうど反対側の端、トイレの扉のすぐ前で、小さい物体が動いている。

一つまみほどの大きさの、銀色で丸いそれは、カチャカチャと振動した後、床の上で鎮まった。

そっと近寄り、覗き込む。

五十円玉だった。

平成三十年の刻印がされた、ただのよくある硬貨だった。

私とタカマサさんは、顔を見合わせた。

さきほどの音からして、それなりの高さから垂直に落ちてきたはずである。

「でも、どこから、どうやって落ちるっていうんですか？」

考えられるとすれば、すぐ脇に置かれている消火器。その上にたまたま五十円玉が置かれていて、それが我々の床を踏む振動でずり落ちた……という可能性だろうか。

しかしその直前、私がスマホで撮影した画像をいくら拡大しても、消火器の上にも周囲のどこにも、五十円硬貨らしき物体は確認できないのだ。

「……ほらね。こうやってアピールしてくるんですよ、あいつは」

瞬間、周りの暗さがやにわに濃密になった気がして、我々はプレハブ小屋を飛び出した。

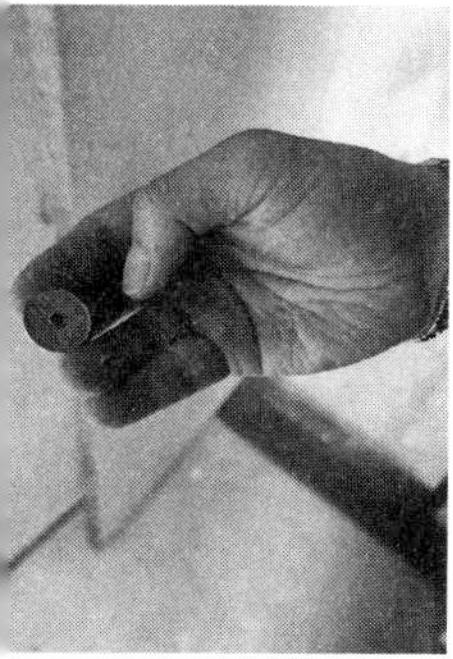
いきなり天井から落ちてきた五十円玉硬貨。落下時、我々は部屋の反対側にいた。

五十円玉硬貨が落ちてきたトイレの扉前。筆者が事前に撮影していた画像では、付近に置かれている消火器やその他どこにも、五十円玉らしき物体は無かったことが確認できる。

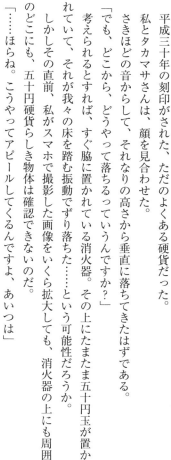

吊り兎

これもタカマサさんから取材した話。

といっても彼の直接の体験談ではなく、不動産管理会社の人から聞いた話だという。さらにまた管理会社の人たちにしても、その他の不動産会社や地域住民など各方面から聞き及んだ情報を総合した話とのこと。だからこれは狭義の実話怪談というより「ローカルの都市伝説」と呼ぶべきエピソードだとは思う。

とにかくそれは、とある男性にまつわる怪談だ。

男性の氏名も判明しているのだが、阿部寛をジャニーズ系にしたようなイケメンらしいので、ここではアベさんと呼ぶことにしよう。

アベさんはその面相から、子どもの頃はずっと「ガイジン」とあだ名されていた。だから大人になって、当時発足したばかりのSNSにて、顔の画像とともにイタリア語のプロフィールを添えたのは、まるきり冗談のつもりだった。しかし蓋を開ければ、大勢のイタリア人女性がこちらをフォローし、コンタクトをとってきたのである。

……なんだよ！　インターネットの世界でも俺は「ガイジン」かよ！

ここまでくるとアベさんもなんだか面白くなってきた。好奇心からイタリアの歴史や文化を学ぶうち、オンラインでイタリア人と交流したり、本格的にイタリア語を学ぶようになっていった。

その縁から、日本とイタリアの食材輸入の仕事へと繋がっていく。たびたびイタリアに渡り、現地の女性にもよくモテた。最終的には陽気なイタリア美女と結婚し、周囲から羨ましがられた。

その妻が妊娠してからはさらに心機一転。輸入業と並行して、パスタ専門店をオープンする決意を固めた。

「パスタの腕前は、本場イタリアでもボーノ！　と言わせるぐらい上手だったんですよ」

この小さなパスタ屋を地域の人気店にし、自分の貿易の拠点にもしてやろう。そんな熱意に溢れていた。

そんなアベさんが選んだ場所は、新宿の神楽坂だった。新宿区の中でも高級感があり、イタリア人やフランス人が多いエリアだからだ。自分の腕なら、本場の味やサービスを知る人々の要求すら満足させる自信があった。

さんざん不動産を当たった末、ようやく神楽坂のとある路地に、店を構える運びとなる。

「私は妊娠中だからあまり動けないけど、その店、絶対に流行ると思うよ！」

妻の後押しと潤沢な資金もあり、人員や設備も万全を期してオープンの日取りを迎える。

「あなた、開店前にご近所におみやげ持ってあいさつ行かなきゃダメよ！　地元の人みんなと仲良くするのがイタリア式なんだからね！」

確かにその通り、まったくよくできた妻だと感心しながら、アベさんは夫婦で隣近所へのあいさつ回りを重ねた。

絶世の美男美女に深々と頭を下げられ、小洒落《こじゃれ》た土産を手渡されれば、悪い気のする人間はいない。神楽坂の富裕層たちも、満面の笑みで彼らを出迎えたのだった。

最後に訪れたのは、店の真裏の家にて一人暮らしをしている老婆だった。

「あらあら、そうなの、スパゲッティ屋さんをね～。楽しみだわ～」

玄関の戸が半開きの状態で、アベさんがあいさつを交わした時は、相手も終始にこやかだったのだが。

いざ土産を手渡す段となり、老婆も戸を全開にする。アベさんの隣にいる妻が目に入ったとたん、老婆の顔がやにわに曇った。

そして無言のまま、ぶしつけな目線で妻を睨むと、土産をひったくるように受け取り、ピシャリと戸を閉めてしまったのである。

唖然としたアベさんに、逆に妻がとりなすように声をかける。

「日本人のおじいさんおばあさん、ガイジンが苦手な人も多いからね！　まあ気にしないでおこうよ！」

そんなトラブルはあったものの、店も無事にオープンし、慌ただしい日々が過ぎていく。大繁盛とまではいかずとも、飲食店としてそれなりに景気のいいスタートを切れたのではないかとアベさんも自負していた。

誤算があったとすれば、食材の段ボール箱を保管するためのスペースに余裕が無かったことくらいだろうか。当座のしのぎとして、裏口のちょっとした空間、ゴミ捨て場やアベさんが喫煙スペースとしているところに箱を置いておくことにした。

ただ、そこにゴミ袋や箱を持っていったり、タバコをすっていると、いつもとある物体が目に入ってしまうのだ。

例の老婆が住む裏の一軒家。その二階のベランダに、薄汚れた兎の人形が二体、首を吊るようなかたちで垂らされている。二体とも、目のつり上がった奇妙な表情をしており、まったく可愛げを感じられない。

こんなもの、いったいどこで買ってきたのか、それともわざわざ、こんなおかしな顔に手作りしたのか。いずれにせよ、雑に吊るしてあるのだから大切にはしていないのだろう。

それにしても気味が悪い。裏口に出るたび目につくので、日を経るごとにどんどん嫌気がさしていく。

「あの兎の人形って、昔からあのベランダに吊るされてるものなんですか?」

ある時、自分の店の大家に相談してみたところ。

「いやいや、あんなの私も初めて見たよ。お婆ちゃんの気まぐれでしょう。なんなら私から取ってもらえないか言っておくから」

しかし後日、困り顔の大家が言うには。

「いやあ……なんだかよくわからないけど、〝絶対取らない!〟とゴネられちゃってね。どうせ理由なんかないよ。あのお婆ちゃん、昔はすごく良い人で有名だったんだけどさあ」

数年前から奇妙な行動が目立つようになってきた。旦那が亡くなり、娘も結婚して、一人暮らしになった頃からだろうか。

「アベさんが来る少し前も、外で遊んでる子どもたちに向かって水を撒いたりしてねえ。正直、最近このあたりに来た人たちには嫌われているのよ」

しかし老婆は、神楽坂のあの路地界隈では昔からの地主らしく、近隣住民たちは強く文句を言えないのだとか。

「ま、離れて住んでる娘さんとお婿さんは話のわかる人たちだから、今度来た時に紹介しますよ」

そういった事情なら仕方ない、新参者の自分が我慢するしかない……。そう覚悟を決めたアベさんだが、やはり裏口に行くたびに吊られた兎が気になってしまうのだった。

「お医者さんはなんて言ってた？　順調だって？　もし疲れてなかったら、お店の夜の予約チェックだけお願いしていい？」

その日、タバコをすいながら妻と電話をしているうち、かつてないほど二体の兎が目障りになってきた。そしてあの人形のなにが嫌なのか、ハッキリと理解できた。

視線だ。つり上がった目でこちらを見つめる、あの憎たらしい視線がどうしても気に食わないのだ。

「縁起が悪い！」

妻との電話を切ると、アベさんは彼らしからぬ行動を起こした。ホウキを振り下ろし、兎人形のうち一体をはたき落とそうとしたのである。

しかし目測を誤り、そのホウキは首に回されたロープではなく、人形の下半身に当たってしまった。

足が一本、ポトリと落ちてきた。縫製が雑だったのだろう、ほつれた黒い糸と、薄汚れた綿がちぎれ目からはみ出している。

「うわ、気持ち悪っ！」

アベさんはそれをつまむと、生ゴミの袋に投げ入れた。

それから数日後のこと。

いつものように裏口で段ボールをまとめていると、斜め上の方から「おいっ！」という叫び声が響いてきた。

見上げれば、二階のベランダからあの老婆が怒りの形相を向けている。

「人形、触ったな！」

老婆の勢いに押され、アベさんはとっさに嘘をついた。

「え？　いや、勝手に落ちたんじゃないですか？」

言った瞬間、しまったと思った。まだ向こうが具体的なことに触れていないのに、こちらから片足がちぎれた話題を出すのは不自然だった。

「足を返せ！」

「……いや、そもそもだよ。なんでそんな人形を吊ってんの？　薄気味悪いんだから早く外してくださいよ」

慌てて取り繕《つくろ》おうと、強気の口調で勢いよくまくしたてる。

「足を返せ！」

老婆の怒声に合わせて、こちらも怒鳴り返した。

「そんなもん、ゴミに出したよ！」

後ろで怒鳴り続ける老婆を無視して、アベさんは裏口から店内に入っていった。

一時間後、病院帰りの妻が店に来たので、先ほどの口喧嘩を打ち明けた。

「そんなに気になるなら、サッシの屋根でも付ければいいんじゃない？」

そうすれば目隠しにもなるし、段ボールも濡れない。タバコも吸いやすいでしょう、と妻が明るく提案してきた。

それはまったく名案だ。まったく頭のいい妻を持って幸せだよ、とアベさんも機嫌を取り戻す。


さっそく翌日、サッシ屋根が設置可能なのか打診するため、大家の元を訪ねたところ、大家は「それについては全然問題ありませんが……」と眉をひそめて、

「裏のお婆ちゃん、今朝がた亡くなられたようですよ」

今日の朝早く、玄関前で倒れていた老婆を通行人が発見した。そのまま救急車で運ばれたが、すでに冷たくなっており、病院でも死亡を確認しただけだったそうだ。

もちろんアベさんは、強い口調で注意したことや人形の足を捨てたことを反省した。しかし同時に、これで障害は無くなった、これからは全て順調に気持ちよく商売ができるぞ……といった気持ちが湧いたのも否定できなかった。

しばらくして、老婆の娘と婿が店に挨拶にやってきた。

「生前は、母が色々とご迷惑おかけしたようで、本当に申し訳ありません……」

聞いたとおりの、常識的な人間だった。

「空き家にするのもなんなので、これからは私たちがあそこに住みます。なにとぞよろしくお願いいたします……」

「いえいえ、こちらこそお願いします」

人形の足を取ったことや老婆との口喧嘩は隠しつつ、丁重にお悔やみを述べる。そこに妻が入ってきたので、つとめて明るい声で彼らを紹介した。

「こちら、うちの裏手の娘さんとお婿さん！　今度からお二人が住むそうだよ！」

「わあ素敵！　アベの妻です。今はこんなお腹ですけど、すぐお店にも出ますので、よろしくお願いします！」

その瞬間、先ほどまでにこやかだった娘の顔から、表情が消えた。「それでは」とだけ言い残し、娘夫婦は店を後にしたのだった。

それから一週間ほど経った頃。

アベさんの携帯電話に、病院からの緊急連絡があった。妻が近くのコンビニエンスストアで破水して、救急車で運ばれたというのだ。

妻が妊娠していたのは双子だった。早めに管理入院をする予定のはずが、まさにその直前の緊急事態となってしまった。

無我夢中でタクシーを拾い、病院に急いだ。

しかし赤子は二人とも死産だった。

既に子宮内で心拍停止していたようだ。なぜ検査でわからなかったか不思議だが、二人とも身体的な障害を負っていた。それが死亡の原因になったのだろう、と医者から告げられた。


ひどくショックを受けたアベさんは、店も開かずにふさぎ込んだ毎日を送った。

それを心配した大家が訪ねてきて、彼を励ました。

「休業分の家賃はいらないから、しっかり休んでね。アベさんなら必ず立ち直るよ、ここも有名店になるよ」

確かに、このまま店を放り出すわけにもいかない。そろそろ開店準備を始めなければ、とアベさんも意を決する。

まずは段ボールを片付けようと裏口へ出たところで、

「……くそっ、まだあるじゃねえか」

思わず悪態が口をついた。裏の家のベランダには依然として、つり目の兎人形が二体、吊るされていたのだ。

忌々《いまいま》しい気持ちでそれを見上げているうち、アベさんの脳の奥深くで、また別の感覚がざわめきだした。

――あれ？

その感覚は次第に大きくなり、はっきりとした「二つの確信」として形を成した。

……いや、そんな、でも……間違いない……

死産で妻の体外へと出てきた双子は、いずれも頭が縦に長く伸び、それに引っ張られるように目がつり上がっていた。

その時は気づかなかった。しかし今、どうしようもなく確信してしまった。

そっくりなのだ、双子の顔かたちが、この二体の兎人形と。

そしてもう一つの確信。

片一方の人形の、ちぎれた足。自分が捨てたはずの足が、元通りになっている。もちろんまったく同一の足ではないことは、そこだけ布地が新しいため判別できる。しかし問題は、また縫い直されている、ということだ。ここ数日で、誰かが足を付けなおした。いや、誰かは決まっている。

新しく住み始めた、あの老婆の娘しかいない。

全身から力が抜けるのがわかった。


引き止める大家を振り切り、アベさんはすぐに店をたたんだ。

もう絶対に裏の家とは関わり合いになりたくない、とひどく怯えていたそうだ。

その後は夫婦ともどもアベさんの故郷に帰っていったとのこと。風の噂によれば、今はもうイタリアに渡ったのではないか、とも言われている。

アベさんがどこまで具体的な情報を知っていたかは定かではない。しかしともかく、彼は直観的に気づいてしまったのだろう。近所の昔からの住人なら全員が知っている、とある事実を。

裏の老婆はもともと子ども好きだった。だから一人娘の孫が生まれることを強く望んでいた。親孝行な娘も、子どもを授かろうと必死に頑張った。

しかし娘もしくはその婿は、妊娠ができない体質だった。

それが判明したとたん、老婆は子どもをひどく憎むようになったのである。

そしてその黒い意志は、一人娘へとひきつがれたのだろう。

神楽坂のとある路地。そこの住人や関係者たちにとって、吊られた兎の話はよく知られたものなのだという。

新宿地下伝説　1

新宿のアスファルトの下には、闇の想像力が育まれている。

「新宿」の名の由来は江戸時代、「新」しくつくられた「宿」場町という意味から付けられた。

そしてその名の意味合いは、現代でもさほど変わっていない。この街は常に、中心から外れた人々が逃げ込むための新しい宿場であり続けている。

宿場町の飯盛女から歌舞伎町のホスト、パパ活女子、トー横キッズまで。あるいはヒッピームーブメントやゲイカルチャーなどなど。

それはまた権力側にしても変わらない。徳川将軍がもしその座を追い落とされたら。大日本帝国陸軍が敗戦時になにかを隠そうとしたら。時の最高権力ですら、その敗走ルートには新宿を選んだのではないだろうか。

なぜならこの街の様々なポイントには、次のような噂がささやかれているからだ。

新宿の地下には、秘密の通路や施設が、今でも隠されたまま残っている。

私はもう十年近く、こうした新宿地下にまつわる都市伝説の検証にとりつかれてしまった。ネットや口承にてバラバラに散らばる噂の点を一本の線に繋げようと、現地調査はもちろん文献に当たったたり関係者に話を聞いていった末、今では「新宿地下伝説」のホットスポットである大久保・戸山エリアに引っ越してしまったほどである。

さて、新宿地下伝説の代表例としては、まず「大久保地下マーケット」の噂が挙げられる。

――大久保駅から新大久保駅の間には、旧日本陸軍の地下通路が通っている。現在は外国人による地下銀行や闇市として秘密裏に利用されており、その入り口は新大久保駅前ビルの地下一階の牛丼屋の裏口、また某教会地下のファミレスのスタッフ専用ドアから通じている――といったものだ。

まず、最初に冷めたことを言ってしまうと、この噂が事実かどうかはかなり疑わしい。私も（大きな声では言えないが）件のファミレスのスタッフドアを開けて向こう側を覗いてみたり、牛丼屋の裏口にあたるビル内をこっそり探索してみたが、秘密の扉を発見することはできなかった。

しかし重要なのは、その噂が事実かどうかではなく、なぜ「この場所の地下に秘密が隠されている」という都市伝説が生まれるのかを考えることである。「大久保地下マーケット」というロマンチックな都市伝説にしても、歴史的背景を学習すれば、まったく根拠の無い馬鹿話とも言い切れないのだ。

当地の町名である「百人町《ひゃくにんちょう》」は、有事の際に徳川将軍を警護する組織・鉄砲百人組が住んでいたことに由来している。そんな彼らが信仰したのが、JR新大久保駅近くの「皆中《かいちゅう》稲荷神社」だが、そこでは戦後、空襲で焼けた本殿下から地下道が発見されたと伝えられている。※1

トンネルの規模は定かではないが、百人組であれば有事にそなえて秘密の地下通路を掘っていたとしても不思議はない。特殊警備隊である彼らのルーツは、伊賀・甲賀・根来といった忍びの者たち。通りから別の通りへと繋がる小さな地下道を掘るくらいは現実的に可能なのではないか。そして追っ手を撒くだけなら、その程度のミニ隠し通路さえあれば目的は果たせるのだ。

ともかく江戸城落城などの有事の際には、徳川将軍は甲州街道から八王子を抜け、甲府城へと逃げのびるというのが、当時想定されていた脱出ルートだった。これについては定説といっても過言ではないだろうが、そのための地下道を、江戸幕府から明治新政府が受け継いで軍事利用し、さらに現在では外国人の闇マーケットとして利用されている……とまでいけば、まあ荒唐無稽に過ぎる話だとは自覚している。

ともかく新宿とは、そうしたおかしな夢想を広げたくなる街なのであり、他にも無数の地下にまつわる噂がささやかれている。

そして新宿地下にまつわる様々な噂の中で、特に〝現場検証〟が出来る面白い事例が、「西早稲田駅の謎の地下一階」だ。

――東京メトロ副都心線・西早稲田駅は、地上から地下二階の改札まで直行するしかなく、地下一階には誰も入れない。

なぜそんな構造になっているのか？

実はそのB1フロアは、隣の戸山公園の地下に広がる、旧日本陸軍が残した（そして現政府もそれを流用して使っている）秘密施設へと繋がる通路だからなのだ――という話。

確かに西早稲田駅には「入れない地下一階」がある。B2の改札階へ向かう階段の踊場はいつもシャッターが閉まっているし、エレベーターで降りようとB1のボタンを押しても、なんの反応もなく通り過ぎてしまう。エレベーターが地上一階と地下二階を昇り降りする一瞬、中間のB1フロアが覗かれるものの、そこはいつも真っ暗なので奥がどうなっているかはいっさいわからない。

この暗闇のずっと奥には、巨大な地下施設が広がっている。そのすぐ上、緑の樹々が広がる戸山公園では、なにも知らない新宿区民たちがのどかに散歩を楽しんでいる……。

いやいや、これはまったくの都市伝説、というよりバカげた妄想に過ぎない。

とはいえ戸山公園および都営団地の戸山ハイツの一帯が、戦後まで旧日本陸軍の用地だったことは歴史的事実だ。となれば安全確保や隠匿《いんとく》のための地下壕や地下トンネルが用意されているのはむしろ当然である。

当地のよく知られている実例として、陸軍病院のあった場所に建つ国立国際医療センターの壁には、かつて軍医学校と陸軍病院を繋いでいたとされるトンネル跡が、現在でも目に見えるかたちで残されている。

また戸山公園内にある戸山教会・戸山幼稚園の建築は、かつて将校集会所だった地下の石造り部分を土台としている。私も関係者のご厚意により地下部分を見学させてもらったことがあるが、将校の一人によるであろう墨筆の句がまだ壁に残されていたりと、生々しい場所の記憶を見せつけられた。

そして戸山公園・旧陸軍・地下といえば、近年に起こったミステリーである「人骨大量発掘事件」は外せない。

一九八九年七月二十二日。この場所に国立感染症研究所を建設中の作業員が、地下から無数の人骨を発見。そこがちょうど旧陸軍軍医学校の跡地だったことから問題は紛糾した。

なぜならそこは、大陸にて人体実験をしたとされる七三一部隊の拠点でもあったからだ。大量の人骨は、七三一部隊による人体実験の被害者のものなのでは？　そんな疑惑が市民団体を中心に浮上し、調査を求める運動へと発展する。

九二年の新宿区の調査では「遺骨からみるに百人以上」（現在は〝少なくとも六十二体以上〟と変更）「日本人でない人種も含まれる」「ドリルや銃、鋸《のこぎり》で加工された跡がある」としながらも「七三一部隊との関連性は見いだせない」との結論が出された。

その後も、戦時中に陸軍病院に勤めていた看護婦が「人体標本を埋めるのを手伝った」「進駐軍に掘り出されないよう、埋めた上から宿舎を建てた」と証言したり、旧軍関係の注射器、シリンダーなどが出土するも、新たな人骨は確認されず、二〇一一年六月に発掘は終了。しかし市民団体からの調査要求は、いまだに続いているようだ。※2

私は二〇〇〇年前後に早稲田大学文学部に通っていたが、文学部キャンパスはまさにこの現場のすぐそばに位置している。そうした立地から、「夜の戸山公園には幽霊が出る」といった怪談が、文学部の学生たちの間でよくささやかれていた。

では、あの広大な公園のどこに幽霊が出るのかといえば、なぜかポイントが定まっていた。人工の築山であり、山手線内では最高峰となる「箱根山」である。近年では早稲田口の公衆トイレも心霊スポット扱いされるらしいが、そちらの噂は私の学生時代には聞かなかった。なにしろ交通量の多い道路に近く、二〇〇〇年当時は（まだコンプライアンス意識が低かったためか）公衆トイレ脇の広場では夜中でも学生たちが運動したり騒いだりしていたので、とても心霊スポットとして扱える雰囲気ではなかったのだ。

一方、鬱蒼とした樹々に囲まれた箱根山は、学生たちが集まるには不便な場所で、夜ともなれば暗く静まりかえった空間となる。

そんな夜中の箱根山のそばを通る時は注意した方がいい。真っ暗な山を登る、複数の人影を見かけるからだ。もしそこで頂上を見上げれば、上下とも白い服をまとった幾人もの男女が、無言でぐるぐると周っている光景を見てしまうだろう。……というのが、文学部生たちにささやかれていた怪談の概要だ。

当時の私たちは、なぜそんな怪談がささやかれるのかにはいっさい無頓着で、どちらかといえばオウム真理教のようなカルト組織の秘密集会なのでは、と想像したものだった。しかし箱根山と国立感染症研究所は、直線距離にして東にわずか二百メートルほど。この怪談の根底には、おそらくすぐ近くで起きた人骨大量発掘事件の記憶が絡んでいたのだろう。

真っ白い服を着た男女というイメージに投影されていたのは、新興宗教の信者ではなく、戦時中に七三一部隊の手によって「検体」となった人々だったはずだ。彼らの人骨がすぐ近くに埋められたというのが、たとえ事実ではなかったにせよ、怪談が生まれるには十分すぎるほどの謎が、地下から出てきたのは確かだったのだ。

※1「甲州街道将軍 脱出計画」火坂雅志『江戸こぼれ話』編・文藝春秋（文藝春秋）
※2『骨は告発する ―佐倉鑑定を読む―』常石敬一（海鳴社）一九九二年

上：陸軍病院跡地の石壁に残された、トンネル通路跡。
下：箱根山の頂上へ続く階段。夜中に白衣の男女が歩いているとの噂がたった。

新宿地下伝説　2

人骨大量発掘事件の現場から北に二百メートルほど先の穴八幡宮には、謎の洞穴が開いている。

社の由来によれば、一六四一年、神社の山裾から横穴が発掘され、内部から黄金の神像が発見されたらしい。これもまた戸山一帯に広がる地下伝説の一端といえるだろう。

穴八幡宮から戸山公園・戸山ハイツにかけてが、戦前までは旧陸軍の用地だったとは先ほど紹介したとおり。では明治よりも前の江戸時代にはどうだったのだろうか。

この土地はそのまま尾張徳川家の下屋敷であり、広大な大名庭園「戸山荘」が造られていた。当時の戸山荘は、日本の大名庭園の中でも、いや世界の庭園史上でも屈指のアミューズメント・ガーデンである。人工の山や池、滝を造成するといったスペクタクルに加え、架空の小田原宿場町を再現し、その各店舗の内部まで作りこんでいたというから相当なものだ。

そして江戸の実話怪談集『耳嚢《みみぶくろ》』の「外山屋鋪怪談の事」は、この庭園に古代の邪神が封じられていたと伝えている。

——名高い戸山荘を、時の大将軍・徳川家斉《いえなり》が訪問することとなった。

なにしろ上様のお成りとなれば、安全のため充分な事前チェックをせねばならない。検分役をおおせつかったのは夏目という人物。彼は尾張徳川のスタッフとともに、通行時だけ水が噴出する「竜門の滝」、小田原宿の街道や建物、そびえたつ箱根山など、広大かつ意匠を凝らした園内を巡っていった。

そうこうするうち、一行は田舎の風景を模したような場所にたどり着く。その一画を見ると、なぜか錠前のかかった祠が、ぽつんと建っている。不審に思った夏目は、「いったいこの祠はなんなのか」と尾張徳川の役人に質問してみたところ、奇妙な答えが返ってきた。

「これは昔の邪神を封じた祠《ほこら》なので、開けないで下さい」

馬鹿らしいオカルト話である。そんな言い草は信じられないし、こちらには将軍のセキュリティーのため、全ポイントを点検する義務もある。夏目は役人の制止をふりきり、ついに鍵を持ってこさせ錠前を開けてしまう。そして自ら、祠の中を覗き込んだところ……。

内部を一目見たなり、驚いたような顔で扉を閉じ、再び鍵をかけてしまったのだ。

その時見たものを、夏目は後になって、知人にこう語ったのだという。

「祠の中から、なにか黒いものが頭を突き出してきたんだ。全身まっ黒なのに、瞳だけがらんらんと輝いていて……。あんなに怖ろしいものは見たことがない」

いったい、夏目の見たものは何だったのだろうか？　※1

『耳嚢』筆者にして採話者でもある根岸鎮衛は、この話を「怪にはあるべからず」つまり怪異現象ではないと否定している。祠の中にあったのは、尾張徳川家の先代が遺した物品、しかも他人には見せづらい品を隠していたのであり、それを一目で理解した夏目が気をきかせて嘘をついただけ、というのが根岸の見解だ。

なんとも現実的な解釈だが、もちろん本当に「昔より申伝《もうしつたえ》の邪神」を祀っていた可能性も捨ててはならない。『耳嚢』中にハッキリした記述はないものの、これは十一代将軍・徳川家斉の一七九〇年の訪問を指しているのだろう。その随行記などの文献から、失われてしまった園内の様子を知ることができる。※2

戸山荘庭園について私が調べてみた限り、邪神の祠らしき候補は二つ。一つは人工池に浮く人工島に建てられた「弁天堂」だ。この扉は誰も開いてはいけない決まりになっていたというから、妖しさ満点である。しかも弁天という属性を鑑《かんが》みるに、祠内になにか性的な造形物を隠していたのかもしれず、だとすれば根岸の「夏目が心得て嘘をついた」説の補強となるだろう。しかし地図を見ると弁天堂はミニ小田原宿のそばにあり、『耳嚢』文中の「片山里（※田舎）と思しき所」という記述と矛盾してしまう。

もう一つの候補は「和田戸明神」の社だ。尾張徳川家の下屋敷が造られる以前、当地には和田・戸山という二つの村が存在していた。この土地の開祖である「和田戸」なる武将を祀っていたともいう、古来よりの氏神の神社が和田戸明神だ。※3

戸山荘造園に際しても、尾張徳川家はこの土地神を尊重して園内に社殿を保全し、わざわざ神主の家まで用意した。言ってみれば、戸山という土地そのものの地霊（ゲニウス・ロキ）であり、「昔より申伝の邪神」と畏《おそ》れるにはピッタリの存在だろう。

夏目が開いた扉がどちらなのか、確証となる決定打はない。いずれにせよ、自然災害や火災で庭園が崩壊していった江戸末期、または帝国陸軍用地となった明治初期の段階で、和田戸明神の社が失われたのは確実だろう。

もし邪神がいたのなら、その封印は既に解かれてしまっているのだ。

江戸時代の戸山荘における怪談はもう一つある。こちらはより「地下」にまつわる話だ。

――元禄時代のある夜、近所に住んでいた前田という武士が帰路についていた。すると道端に、赤子を抱えた女が立っている。前田と目があった女は、いきなり「この子どもを少しだけ預かってくれませんか」と頼みつつ、以下のようなことを述べてきたのだ。

「私の大事な夫は、闇討ちにあい殺されました。その敵をとろうとしているうちに、難産のため私もこの世を去ってしまったのです。しかしこのままでは死んでも死にきれず、幽霊になって敵討ちをしようとしているのです」

女はあっけにとられる前田に赤子を手渡し、ふいに姿を消してしまった。しばらくして戻ってきた女の手には、かたきであろう生首が抱えられている。女は礼として、その場を掘って清水を湧かせると、赤子と生首とともに闇に消えていったという……。


難産により死んでしまった女＝ウブメが、勇猛な人間に赤子を抱いてもらって敵討ちを果たす、その礼として金や水源地を掘るという、全国各地に伝わるウブメ譚の一種である。

また現実的解釈をとるなら、元禄時代は戸山荘庭園の造築期なので、土木工事によって泉が湧いたことを、このような怪談で説明しているのかもしれない。

一九六九年の資料『新宿と伝説』では「今もこの清水は、元陸軍戸山学校グランドの城壁の下から側溝へ、チョロチョロと流れている」と付記されているが、さすがに今となっては泉の影も形も見当たらない。ただ、同敷地に現存する東戸山小学校の校庭は、ズドンと落ちた崖下にあり、確かに水源が湧きそうな地形としての面影がうかがえる。※4

ここで登場する泉は、おそらく戦前の陸軍用地時代、そして戦後の戸山ハイツ時代もしばらく残されていた「玉の泉」という湧水だろう。ただそれも戸山ハイツ団地の拡大、具体的には35号棟の建設に伴って埋め立てられてしまった。現在の35号棟下を歩いても、崖下の湿気や草花の植え込みに、かつて水場だった雰囲気が感じ取れるくらいだ。

また『新宿と伝説』によるこの怪談の解説では、尾張徳川の下屋敷付近にて「処刑された下女たちの亡霊から作られたものではなかろうか」と推察している。確かにシチュエーションからして、怨霊が仇討ちを果たしたのは、尾張徳川家の武士の一人なのだろう。

武家屋敷における人死に、およびその原因と思しきスキャンダルが、怪談・怨霊伝説に改変されて語られるという現象は、さほど珍しいものではない。日本全国に点在する「お菊・皿屋敷伝説」はその典型だし、お岩にまつわる四谷の怪談も類例に挙げられる。このウブメ怪談もまた、尾張徳川家の隠すべき秘密を、迂遠《うえん》に指摘している話かもしれないのだ。あるいはその秘密を封じていたのが、約百年後に怪談として語られる「邪神の祠」かもしれないのだが……これについてはまったく私の想像の域を出ない。

このように御三家筆頭「尾張徳川家」には、どうにも怪談めいた謎がまとわりついている。尾張徳川家の本拠地である名古屋は、大都市にしては古くからの怪談・妖怪伝承が少ないことで有名だ。しかし当地でも残る古い怪談には、どこかで尾張徳川の影がちらつくとは拙著『怪談現場　東海道中』でも指摘しているとおり。

また東京の新宿エリアには、尾張徳川の上・中・下屋敷の三つが揃っており、どれも見逃せない立地となっている。

まず下屋敷は、先ほど述べた戸山荘の大庭園にまつわる様々な怪談。

中屋敷は、四谷見附《みつけ》を越えてギリギリ千代田区となってしまうが、現在の上智大学に該当する。この説明でピンとくる読者も多いだろう。

当敷地の南側、Kホールのあたりこそが、西浦和也氏の怪談「迎賓館」の現場なのである。「迎賓館」のハイライトといえば、やはり本館脇の蔵を解体した際、その床が抜け、地下から謎の空間が顕《あら》わになるシーンだろう。そこは「散乱した格子や畳などが発見された」「まるで座敷牢」のような空間だったという。

二〇二二年夏刊行『西浦和也選集　迎賓館』で補足された後日談では「座敷牢のような地下があった蔵自体は、昔の藩邸跡地だった時代のものなので資料もなく、今もってどういう建物だったのかは不明である」と述べられている。つまり戸山荘の「邪神の祠」と同じく、蔵の地下の「座敷牢」もまた、尾張徳川家に隠されたなんらかの秘密にまつわるも

のかと推察されるのだ。※5

そして大名屋敷として最も重要な上屋敷だが、尾張徳川家のそれは、現在の市ヶ谷の防衛省にあたる。

当然のごとくといおうか、この場所は明治よりずっと軍用地（陸軍士官学校、参謀本部、市ヶ谷駐屯地など）として利用されてきた。三島由紀夫が自衛隊へクーデター決起を呼びかけ、その後に割腹《かっぷく》自殺を果たした地としても有名である。

ここでまた、徳川将軍の有事の際の脱出想定ルートを振り返ってみよう。

①江戸城落城などの緊急事態が起これば、まず将軍は中奥と大奥をつなぐ御鈴廊下の手前にある穴道（これは江戸城の図面にも明記されている）を抜けていく。

②次に裏門にあたる半蔵門から城外へ出て、伊賀組の護衛のもと西に進む。

③百人町にも先述どおり鉄砲百人組が待機しており、彼らに敵を迎撃させつつさらに西進。

④甲州街道を西に進み、八王子にて幕府の家臣団である千人同心と合流。

⑤最終的には、徳川家直轄の甲府城へと逃げのびる。

このルート内、特に現在の東京都心部においては、いくつか秘密の地下通路が用意されていたのではないか……という噂は、それこそ江戸時代からあったようだ。

さて、市ヶ谷の尾張徳川上屋敷は、半蔵門から外堀を越えたところにそびえる小高い丘だ。その立地からして守りの要所と目されていただろうことは想像に難くない。

すっかり「新宿地下伝説」に脳を浸食されている私からすれば、江戸では尾張徳川上屋敷、明治以降もずっと軍用地だったこのエリアに、地下の噂が無い筈がないとすら思えてしまうのだが……。さすがに防衛省の職員が、噂程度とはいえ施設内の秘密を漏らす訳もなく、こちらの情報収集には難儀していた。

そんな折、これはもう数年前のこととなるが。

とある怪談イベントの終了後、一人の観客がそっと私に話しかけてきたことがあった。その人物が渡してくれた名刺を見れば、某大手印刷会社の名が記されている。そういえばその会社の広大な敷地は、防衛省と隣接しているではないか。

「このところずっと、うちの会社で大規模な工事をしているのはご存知ですよね」

確かに当時、あの会社では工場解体や新社屋ビル建設のため、いつも工事中の鋼板で敷地が囲われている印象だった。そしてこれは社内でも知る人ぞ知る情報として流れている話らしいのだが。

「その工事、しばらくストップしているらしくて……。どうも〝下〟から色々出てきちゃったみたいなんですよね」

その人物によれば、地下を掘り進めた際、なんらかの「遺跡」か「遺構」が発掘されてしまい、工事が立往生となったのだとか。それがいったいどんな「遺跡」「遺構」かは知らされていない。しかしそれ以上の採掘作業を長期間ストップせざるを得ないほど、なにか重要なものが出てきたことは確かなのだろう。

それから年月が経ち、長らく続いた当地の整備事業も完成に向かいつつある。かつての工場跡地も現在では、広々とした空間へと様変わりした。街路樹の向こうにはガラス張りの清潔な新社屋ビルがそびえたち、さらにその向こうには、防衛省の通信鉄塔が空へと伸びている。

そうした光景を眺めていると、私はつい夢想してしまうのだ。この地下にはまだ、知られざる秘密の空間が眠ったままなのだろうか……と。

※1『耳嚢』（一七八四～一八一四）根岸鎮衛（校注・長谷川強）（岩波書店）一九九一年
※2「戸山御庭記」（一七三五年）「戸山の春」（一七九三年）など。所収は『東京市史稿 遊園篇第2』東京市　一九二九年
※3『尾張藩江戸下屋敷の謎―虚構の町をもつ大名庭園』小寺武久（中央公論社）一九八九年
※4『新宿と伝説』新宿区教育委員会　一九六九年
※5『西浦和也選集　迎賓館』西浦和也（竹書房）二〇二二年

新宿地下伝説　3

新宿には、まだまだ各地に地下伝説が点在している。

例えば、市ヶ谷からほど近い袋町《ふくろまち》でささやかれる「由井正雪《ゆいしょうせつ》の抜け穴」。江戸幕府転覆のクーデター計画「慶安《けいあん》の変」首謀者の由井正雪により、江戸城に向けて秘密の抜け穴が掘られていたとの噂だ。徳川将軍の避難のためとは目的がまったく逆、江戸城に攻め入るための地下通路である。そしてこの噂も、まったく無根拠に流された類のデマではない。

明治末、近隣の光照寺《こうしょうじ》で井戸工事を行ったところ、百五十メートル先の大久保通りまで続く横穴が発見された、との話が伝わっている。

また一九五七年、すぐ近くの日本出版クラブ会館ビル（現在は神保町に移転）の建築中にも、地下十メートル地点で大きく延びる横穴が見つかったという。これについてはわずか半年後の毎日新聞にもコラム記事が掲載されており、かなり信憑性が高い話かと思われる。

「さきごろ光照寺の前に日本出版クラブが完成したが、この会館建設の基礎工事を行っていた去る四月、地下十メートルくらいのところにポッカリ大きな横穴があいた。穴はかなり奥深くまで通じているらしかったが、危険なのと薄気味悪がってだれも中へ入ろうとしなかった。江戸時代初期の徳利や寛永通宝など古銭が発見された」※1

日本出版クラブの前方にのびる「地蔵坂」では、他にも奇妙な言い伝えが残されている。日が暮れる頃になると、この坂に地蔵が現れ、錫杖《しゃくじょう》を振って歩き回る……というものだ。その正体は光照寺境内の「大穴」に住むタヌキであり、自らの住処である寺に多くの人間が寄り付かないよう、怪地蔵に化けて脅しをかけていたのだという。※2

と、これだけならほのぼのした昔話に過ぎないかもしれない。だが想像を働かせてみれば、光照寺地下の「大穴」とはつまりなんらかの目的のための地下通路とも考えられる。その秘密の隠蔽を図り、部外者をなるべく寄せ付けないため、化けタヌキの怪談が流されたのではないだろうか？

さて、光照寺や日本出版クラブの地下にのびる穴の正体とはいったいなにか。諸説紛々としているが、かつて現地を統治していた牛込氏の居城「牛込城」の地下通路、もしくは地下倉庫の跡ではないか、とも推察されている。

徳川家康の江戸入府により、牛込城が廃止されたのは一五九〇年。その跡地に、神田から光照寺が移転したのが一六四五年。同地にはもともと楠不伝《くすのきふでん》の道場があったのだが、神田連雀町《れんじゃくちょう》から引っ越した由井正雪がそれを引き継ぎ、軍学塾「張孔堂《ちょうこうどう》」を設立。そして光照寺移転にともない、張孔堂もやや西側に移動する。最終的には門下生三千人とも五千人ともされる張孔堂は、現在の榎町〜天神町まで約六千坪もの広大な敷地を誇っていたという。そして家光の病死に際して「慶安の変」が計画され失敗したのが一六五一年のこと。

移転したとはいえ、元々は牛込城跡に道場を構えていた楠不伝、および弟子の正雪ならば、地下の「大穴」の存在を知っていたのではないか。元々あった牛込城の地下設備を正雪が利用し、江戸城まで続く抜け穴を掘っていたのではないか。※3 ※4

……といった想像はロマンチックにすぎるだろうか。しかし牛込の古老たちがそうした言い伝えを聞き及んでいることは、上記の毎日新聞コラムでも確認されている。

さて、ここで早稲田方面に目を移してみよう。

インターネット掲示板の2ちゃんねるにて、二〇〇六年に書き込まれた証言がある。一九七〇年頃、大日坂（現在の西早稲田）沿いにあった「歯科医院が入った洋館風建築」から大きな地下トンネルに潜った記憶がある、との投稿だ。※5

大日坂とは、現在の早稲田大学中央図書館と甘泉園《かんせんえん》公園の間に延びていた坂のこと。平成の再開発によって道路が拡張され、現在では洋館どころか坂そのものが姿を消してしまった。ちなみにこの整備事業が、そもそも国の地下秘密トンネルを隠すためだったとの噂もある。

投稿者は幼少の頃、歯科医師に連れられて「秘密の地下道、このことは内緒だよ」と注意されつつ地下通路を見学したという。それは都電および神田川方面へと延びる地下道だったそうだ。

「防空壕ではないでしょう。内部はかび臭いような匂いがして、微かに風が流れていたと思います。歩いた範囲には他には外部との連絡口はありませんでしたが、歯科医の話によるとその先には幾つかの地上へ繋がるであろう扉があるとの事でした」

一九七〇年の住宅地図を参照すると、確かに件の歯科医院が実在したことが確認された。また地元で長らく営業しているクリーニング屋さんに取材したところ、「確かにその歯医者の家はあった。洋館というほどではないが、少しシャレた屋敷だった」との証言を得ることもできた。

ただ、この建物および大日坂は、一九九一〜九三年の再開発事業によって姿を消した。今では甘泉園公園の脇に、不自然なまでに広い道路が延びているだけだ。この新道はもともとの大日坂よりかなり低い位置に造られたようで、甘泉園公園に入るには急な階段を登らなければならない。上記のネット証言が真実なら、その公園への階段あたりに、地下道へと続く横穴が開いているはずだ。

この甘泉園にあたる土地もまた、江戸時代には尾張徳川家の拝領地だった。それが一七七四年には、徳川御三卿・清水家の下屋敷となり、甘泉園と呼ばれる大名庭園が造られた後、明治三十年頃から相馬子爵家の所有となる。

戸山荘が軍用地となったように、大名屋敷とその庭園は明治以降、華族邸宅や公用地へと流用されることが多かった。もし明治政府が徳川の地下トンネルを秘密裏に使いたかったならば、土地の上には秘密を守れるものたちを住まわせておくのが好都合だっただろう。

※1　毎日新聞　一九五七年一〇月一七日「武蔵野の城あと　16」
※2『江戸の口碑と伝説』佐藤隆三（郷土研究社）一九三一年
※3『続 江戸ルポルタージュ』綿谷 雪（人物往来社）一九六一年
※4『新宿の伝説と口碑』新宿区教育委員会　一九六八年
※5　スレッド〔帝都東京・隠された地下網の秘密」どうよ 8〕内、212：名無しでGO！：2006/11/05(日) 01:36:18 ID:th+xl0u60 の投稿

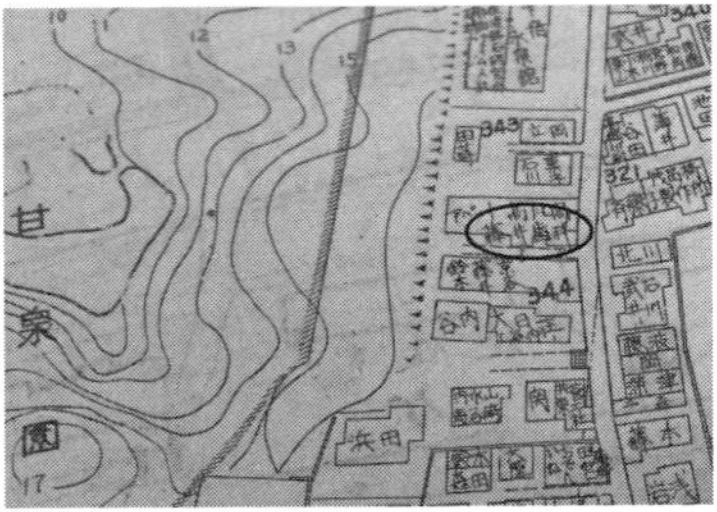

上：牛込城跡地に建っていた日本出版クラブ会館ビル。現在は取り壊され新たにマンションが建築中だが、謎の地下道は再発見されたのだろうか。
中：道路開発前の住宅地図。投稿のように、確かに歯科医院の建物が存在していたことが確認できる。
ゼンリン住宅地図（1970 年）より。
下：甘泉園公園へと上る階段。つまり新道路はかなり低い位置を通っているということだ。

新宿地下伝説　4

では本書でもたびたび登場する歌舞伎町の「地下伝説」はどのようなものだろうか。
例えば以下のような噂を聞いた人は多いかとも思う。

――歌舞伎町ラブホテルの多くは、地下水から自前で水道を引き、客室のシャワーや風呂に利用している。その分の水道料金はタダになるので、大幅な経費節約になるのだ。この「歌舞伎町の地下水」については、業界関係者ならば暗黙の了解、周知の事実なのだという。

私はこの話を、「あまり大っぴらにしゃべったらダメなんだけど……」との注釈つきで、建築・レジャー関係の人間から聞き及んでいる。公言NGの理由はなぜだろうか？　例えば衛生的に問題があるのに、利益重視のために水道局や保健所には秘密にしているとか？

「いや、そういうことじゃないです」

そこはホテル側もキチンと濾過《ろか》して使用しているし、飲料水ではないため、衛生上も法律上も問題はないそうだ。ただイメージ上の都合として、お客さんに大っぴらには公言しないとのこと。まあ確かに、自然あふれる山や温泉地の地下水と違って、歌舞伎町の地下水となると（どんなに清潔だったとしても）ちょっとシャワーを浴びたくはないかもしれない。そのため、地下水を使っていると書く代わりに「当ホテルは軟水を使用しています」との表記をしているところもあるとかないとか。

いずれにせよ、これはあくまで建築・レジャーという他業界の人からの口コミであって、ホテル関係者から直接ウラをとった情報ではない。ただの都市伝説として聞いてもらえれば幸いだ。

ただし、歌舞伎町が地下水をとりやすい土地柄であることは間違いないだろう。もともとここは、大きな沼のある湿地帯だったからだ。鬱蒼たる茂みに覆われた暗い水場は、鴨《かも》の猟場としても利用されていた。現在の東宝ビルあたりに大村藩主だった大村家の邸宅があったため「大村の森」とも呼ばれていた。

そして明治期、ある経済界の女傑により、この湿地帯が買い取られ、埋め立てることとなる。

その名は峯島喜代《みねしまきよ》。江戸から続く質屋だった尾張屋を不動産・金融へと業務展開し、一時は東京市内に約二十万坪の土地を有していたという。一時期の総資産でいえば当時の安田財閥をも凌駕し、三菱・三井に次ぐほどだったとか。つまり現在の尾張屋土地株式会社の礎をつくった人物である。蛇足になるが、ここでもまた尾張徳川と同じ「尾張」が絡んでくるのは面白い。

大村の森を手中にした峯島喜代は、淀橋《よどばし》浄水場（現・西新宿一帯）の建設のために掘り出された土をもって沼を埋めていき、後の歌舞伎町の土台を造っていくのだが、そこでとある怪現象が起こる。――淀橋浄水場の残土を沼へと投下すると、地面の下から無数の蛇が逃げるように這い出てきたのだ。これを怖れた人夫たちは、大量の蛇を空き樽に詰めて、地下深くに埋めてしまった。

しかしその夜。工事請負人である三谷某の夢枕に一匹の蛇が現れて、自分たちの虐殺を幾度も幾度も責めてきたのだという。

恐怖にかられた三谷は、この事態を峯島喜代へと報告。ちょうど巳年生まれ（一八三三年生）だった喜代はこれを重視し、上野不忍池《しのばずのいけ》から弁財天を遷《うつ》し、沼のほとりだった地点に祀ったのだという。それが現在も赤茶色い王城ビルの脇、そこだけぽっかりと空いた歌舞伎町公園の中に鎮座する歌舞伎町弁財天である。

なお、この怪談は公式の新宿地誌や歴史案内で紹介されることはほとんど無く、おそらく一九三一年発行『東京淀橋誌考』で触れられているのみ。この件に触れている他資料とえいえば『東京淀橋誌考』を直接に参照した『新宿の散歩道』くらいだろう。※1、※2

歌舞伎町の地下に潜んでいた蛇の祟り……。資料だけ調べるぶんには不自然なまでに隠匿された地元話ではあるものの、しかし歌舞伎町の住人に話を聞くと、驚くほどこのエピソードを語る人が数多くいる。おそらくこれは、オフィシャルな文字資料では残されておらずとも、口伝で連綿と語り継がれる類の怪談なのだろう。

それとは別に、歌舞伎町弁財天のオフィシャルな文字資料として残されている由緒もある。当地の弁天像の台座に記された碑文のことなのだが、その一部には次のようなエピソードが記されている。

——大正時代、峯島喜代によって建てられた弁天像とお堂だったが、一九四五年の大空襲により罹災。その際、熱心な信者であった岡安たか子氏は、弁天像を厨子に背負って笹塚のアパートに避難した。

そのままアパートの一室に弁天像を保管していたところ、まもなくして岡安氏のもとに「弁天様が峯島家に移り度いとの御告げがあったので」、峯島家に移転。

そして戦後を迎えた一九四六年、歌舞伎町の復興にともない、寸分違わぬ元の位置に弁天像が安置され、現在にいたるということだ。

歌舞伎町の水場といえば、その中心を流れていた蟹川《かにがわ》もまた忘れてはならない。東急歌舞伎タワーとハイジアの間の花道通りが川だったとは、そこを闊歩《かっぽ》するホストや客引きや酔客は想像だにしていないだろう。この川は「大村の森」の池を源流として、先述した戸山公園（戸山荘）の幽霊の湧水や箱根山の脇を通り抜け、神田川へと流れ込む。

歌舞伎町の蟹川から稲荷鬼王《きおう》神社へと折れる道は、現在の区役所通りにあたる。風林会《ふうりんかい》館を角とする十字路が、その交差点だ。

ただし同ポイントについて、江戸時代の古地図～戦後あたりの航空写真までを確認してみると、現在のようなキレイな十字路とはなっていない。おおよそ一九五〇年代まで、この交差路は鉤型に屈折していたのだ。

その理由としては、おそらくここが東西（蟹川）からも南北（区役所通り）からしても谷底の地点にあたるためかと察せられる。「新宿地下伝説」論者からすれば、このあたりが地下道を掘るには適したポイントかと想像できるのだが……。

そろそろ読者諸氏も、妄想ばかりでなく実際の証拠を見たいと思っているところだろう。さすがに次節では「伝説」ではない、私が目の当たりにした新宿地下のレポートを記していくことにする。

※1『東京淀橋誌考』加藤盛慶（武蔵郷土史料学会）一九三一年
※2『新宿の散歩道』芳賀善次郎（三交社）一九七二年

上：歌舞伎町弁財天の本尊は堂内に安置されているが、新しく造られた弁財天像はオープンに誰でも見学可能。
下：明治期の歌舞伎町あたりの地図。大きな「大村の池」があることが確認できる。
陸軍参謀本部　迅速測図（明治９～19年）より。

新宿地下伝説　5

「新宿の地下商店街としてサブナードが建設されたのが一九七三年。まあその計画の元締めってのが、あのデパートだったそうですが」

歌舞伎町のビルオーナーであるタカマサさんは、怪談取材の合間にそんな話も聞かせてくれた。ここで出てきたとある大手デパートの名前は伏せることにしよう。そんな新宿サブナードの地下街は現在のところ、新宿通りから北西の西武新宿駅へと繋がっているのだが。

「建設当初は、区役所通りを通って、鬼王神社まで抜けようって話だったらしいんです。その時の計画では、区役所通りを今みたいなヤンチャな感じではなく、もっとファミリー向けの明るい通りにしたかったとか」

しかし、その計画は頓挫した。

「元からあったホンチャンの地下道が出てきたからですね」

いつ掘られたかもわからない、区役所通りの下を一直線に走る地下道が、工事前の調査で明らかになったというのだ。それほど大きなものではなく、人間一人分が通行できる程度。コンクリートなどで補強されていない、手掘りの通路だったらしい。

仮にその噂が事実だとして、地下道は明治以降に掘られたものだろうか？　それとも江戸時代の、徳川将軍逃走用ルートの一つなのだろうか？

タカマサさんの想像は、後者なのだという。彼は、私があちこちで提唱している新宿地下伝説についてはまったく耳にしていなかったにもかかわらず、期せずして同様の推論に辿り着いていたようだ。

「職安通りと靖国通りにあたるところは、江戸時代にも街道が通っていたみたいですね。だけど、その二つの街道を南北に繋ぐ、今でいう明治通りみたいな大きな道は、当時無かった訳ですよね」

南北の二街道を繋ぐ秘密の抜け道があれば、逃走ルートとしては非常に役に立つ。そのために現・区役所通りにあたる鬼王神社から南にのびる道に地下トンネルを造ったのではないか……というのがタカマサさんの主張だ。

しかし当時のサブナード関係者は、古の地下道を発見して、ただ工事を諦めただけだったのだろうか。日本出版クラブ会館ビルの時のように、恐怖のあまりひっそりと埋めなおしてしまったのか。なぜ自分たちの発見を世間に公表しなかったのだろうか。もしや、その地下道をこっそりと再利用し、なにかの目的のため使おうとでも考えたのだろうか？

「そこらへんは僕にもわからないですけど……とにかくですね」

タカマサさんは、じっと私の顔を覗き込んだ。

「僕がこのビルを建てた時も、似たようなトラブルが起きましてね。せっかく色々と設計して、途中まで掘り進んで部屋まで造った地下一階が、使い物にならなくなっちゃったんですよ」

どうやら話は意外な方向に展開していくようだった。

「なぜなら、地下一階の施工中に、謎の空間にぶちあたったからです。このビルのすぐ脇に、地下道らしきものが延びているようなんです」


ゴトリ、と低い音が響き、両腕に緊張が走った。

ぱっと見は、よくある床下収納扉かと思ったのだ。しかし回転取っ手をクルリと回して持ち上げようとしたところ、予想をはるかに超えた重量が左右の腕の筋肉に伝わってきた。

「これ、二人がかりじゃないと無理ですよ」

タカマサさんとかけ声を合わせ、二人でなんとか扉を持ち上げ、階段脇までずらす。

このビルで、エレベーターではなく階段を使う利用者はまずいない。このまま重たい扉を放置しても、地下に通じる垂直の穴が開きっぱなしになっていても、誰かに見咎められる心配は薄いだろう。

いや、そもそも私を地下へと誘ってきたのはここのビルオーナーなのだから、部外者に文句を言われる筋合いはないのだ。

小さなハシゴから暗闇の中に降りていく。柔軟のきかない体をなんとか曲げつ折りつつ進むので、手足や腰の筋がきいきいと悲鳴を上げる。

そうして下りきった地下一階は、なんとなく均一に広がったフロアを予想していたが、意外にも複数の小部屋が連なった複雑な空間となっていた。

「まあ、まさか地下道にぶつかるとは思ってなかったので、色々な利用の仕方を考えていたんですけどね……」

スマホの照明を照らしながら、タカマサさんがつぶやく。彼も数年ぶりにこの地下に潜ったらしいが、鼠一匹いないことを建物所有者として不思議がっていた。きちんと密閉されているため、小動物もゴキブリすらも入り込む余地がないのだろう。

彼らに遭遇しないのは喜ばしいのだが、閉所恐怖症の気のある私は、この完璧な密室にいることで息が荒くなってきた。洞窟探検を試みた人々が酸素不足で昏倒し、そのまま死亡した……というつい最近の報道が頭をよぎる。

あるいは誰かがいきなり上に現れ、「ゴトリ」という重い音とともにあの床下収納扉を閉めてしまったらどうしよう。それこそタカマサさんのいう〝オレンジのやつ〟が今、穴の上からニヤついた顔を覗かせているとしたら……。

スマホを確認すると、ここは電波の届かない圏外だ。家族にも誰にもこのビルの地下に潜ることは話してきていない。今、扉を封鎖されて閉じ込められれば、確実に暗闇の中で死ぬことになる。

情けない話だが、私は今すぐここから出たいとタカマサさんに申し出て、真っ先に一階の階段下まで逃げてしまった。

「本当はこの先にもう一部屋あって、その壁の向こうが地下道なんですけどね。次は超音波検査機でも持ってきて、どうなってるか調べましょうか」

タカマサさんもそう言っていたものの、彼自身、一刻もはやくこの地下から抜け出したい様子だったことは否めない。

もし次回があるとすれば、超音波検査機とはいわずとも、せめて懐中電灯とトランシーバーくらいは用意しておこう。そして事前に家族にこのビルの地下に潜ることを伝え、信頼できる人間を地下入り口に待機させた上で、リベンジするつもりだ。

これとはまた別にもう一つ、私自身が実際の「新宿地下」へと辿り着いた事例がある。その報告をもって、今回の新宿地下伝説についての記述を終わらせることにしよう。

私に怪談関連の情報をよく教えてくれる、ササキさんという人物がいる。そのササキさんが、二〇二二年の春に、とある連絡をもちかけてきた。

「早稲田の古本屋街にあるN書店（仮名）のおじさんから、高田馬場駅そばにあるという奇妙な〝洞窟〟の話を聞きました」

ササキさん自身も気になって現地調査をしたところ、確かにその〝洞窟〟らしきものを発見したというのである。

高田馬場駅といえば、賑やかな商店街と飲み屋街が連なる印象しかない。あんな場所に〝洞窟〟が口を開いているなんて、まさかと思うのだが……？

上：地下フロア内。途中で「地下道」にぶつかり工事が頓挫したため、狭苦しく入り組んだ、奇妙な密室になっている。
下：タカマサさんのビルの、使えなかった地下フロアへと通じる急なハシゴ。

私はさっそくササキさんと連れだって、N書店へ足を運ぶことにした。

「あたしは生まれた時からこの辺で育ってきたからね。色んな噂があったもんだよ」

店主のおじさんは、問わず語りの勢いで、我々に過去の思い出を語ってくれた。

「高田馬場の駅前なんかは、戦後からずーっとバラックが並んだ闇市みたいになってたんだけど。ある時に大火事が起こって全部焼けちゃってね」

その後、現在も建つビッグボックスが建設されたらしいのだが。

「その火事については、新宿区の地域史にはどれにも記されてないのよ。……なんでだと思う？」

ニヤリとおじさんが笑いかけてきた。なにやら物騒な話で興味をそそられるが、今回の調査とは別件だ。そして我々の後ろでは外国人らしき客が、本の清算を不安げな面持ちで待っている。日本・ロシア関係の書籍を数冊抱えているから、早稲田大学の招聘《しょうへい》研究者なのだろう。ロシアのウクライナ侵攻が始まって、その日はちょうど一週間後だった。

我々のくだらない目的のため、大事な研究の邪魔をしてはならない。急かすように地下の噂に水を向けると、「そういえばね」と、おじさんが頷く。

「あの辺で地下といえば、学生がバカ騒ぎをすることで有名だった高田馬場駅前ロータリー。あの地下には未完成の西武鉄道の駅があるんだよね。平成三年まで工事していたけどバブル崩壊で頓挫して、幻の地下駅になったまま放置されちゃっているんだって」

その話も面白すぎるのだが、私がまず知りたいのは〝洞窟〟についてだ。

「ああ、それなら」

ようやく、おじさんは本題に入ってくれたようだ。

「あたしが小学生の頃、クラスの皆が言ってたんだよ。あそこの〝洞窟〟には、外国人の家族が住みついてるらしいぞ、って」

しかもその〝洞窟〟は高田馬場の街はずれではない。まさに駅前すぐそばにあるというのだから驚きだ。

いやいや、そんなことがありうるのだろうか？　私が混乱していると、横からササキさんが「これ、先日撮影した写真なんですけど」と写真フォルダを開いたスマホ画面を差し出してきた。

そこには、確かに〝洞窟〟のような横穴の、ほんの一部だけが露出している画像があった。ただしその横穴は、土の斜面や崖ではなく、とある人工物に掘られたトンネルだったのだが。

「そうそう、これこれ。へえ〜、もうすっかり塞がれたと思ったけど、まだ入り口が見えるところあるんだね」

おじさんが応えるとササキさんは、

「でも反対側にも出入り口があるはずなんですよ。ほら、遠くに外の明かりが見えるから」

しかしそのもう一方の出入り口が見つからない。普通に考えればまっすぐ反対側に同じ横穴が空いているはずだ。しかし高田馬場駅前の、あの建物が複雑に入り組んだ街並みのせいで、どうしても反対側にたどり着けないというのである。

先述したように、その時発見できている側の出入り口は少ししか露出しておらず、また頑丈な柵によって阻まれているので、〝洞窟〟の内部には侵入不可能だ。

「昔はこの穴もがら空きになってたからね。だから外国人たちも好き勝手に住めていたんだろうねえ」

おじさんの少年時代の噂が事実かどうかはたいへんに怪しい。ただし〝洞窟〟自体が現存していることは確かだ。となると反対側の出入り口も是非とも確かめてみたくなる。

我々はN書店を後にし、高田馬場駅へと向かったのだが――。

――結論から述べれば、私は〝洞窟〟の反対側に行き着くことができた。

そこはとある店舗の敷地に位置している。その店の店主がたまたま私の知人の知人だったので、友人関係を駆使して連絡をとり、敷地内に立ち入る許可を得たのだ。

いちおう断っておくが、読者諸氏がこの〝洞窟〟を探そうとしても、少なくとも今述べている側の出入り口は普通に歩いたところで見つからない。まあ近隣住民の迷惑もあるので、あまり乱暴な詮索はしないでもらえると幸いだ。

奥歯にものの挟まった言い方で恐縮だが、とりあえずその〝洞窟〟について詳細を述べることは控えさせてもらう。

周囲の風景が入らない画像のみをここに掲載するので、私の拙い文章よりも、そちらを参照してもらった方がよいだろう。

それにしても、新宿地下伝説は捉えどころのないお話だ。怪談かと思えばウラがあり、都市伝説かと思えば根拠があり、根も葉も無い噂でありながら、ひょっこり実物を発見できてしまう。

しかもそのような伝説群が、新宿の各所に地下茎のごとく四方八方に延びている。

それらは新宿に住む人々・ゆきかう人々が自然と育んでしまう、この街独特の想像力の現れなのだろう。日常の目に見える世界とはまた別に、薄皮一枚隔てたところに別の世界がある。そしてその出入り口は、案外すぐそばにあるのだという想像力だ。

新宿という街には、そんな闇に近しい想像力こそがふさわしい。

高田馬場駅近くにある「洞窟」。普通に探しても見つからないだろうが、読者諸氏も乱暴な詮索は控えていただきたい。

新宿怪談

2022年12月7日　初版第1刷発行

著者……………………………………………………………………… 吉田悠軌
デザイン・DTP ………………………………………… 荻窪裕司（design clopper）

発行人……………………………………………………………………… 後藤明信
発行所…………………………………………………………………… 株式会社 竹書房
〒102-0075　東京都千代田区三番町８－１　三番町東急ビル６F
email：info@takeshobo.co.jp
http：//www.takeshobo.co.jp
印刷所………………………………………………………… 中央精版印刷株式会社

■本書掲載の写真、イラスト、記事の無断転載を禁じます。
■落丁・乱丁があった場合は、furyo@takeshobo.co.jp までメールにてお問い合わせください。
■本書は品質保持のため、予告なく変更や訂正を加える場合があります。
■定価はカバーに表示してあります。
©Yuki Yoshida 2022
Printed in Japan